はじめの おべんきょう

えに あう シールを はろう。

はじめの おべんきょう

えに あう シールを はろう。

シールを
はってね

はじめの　おべんきょう

おなじ　ひらがなを　せんで　むすぼう。

う ★	● い
と ★	● と
い ★	● う

シールを
はってね

はじめの　おべんきょう

おなじ　ひらがなを　せんで　むすぼう。

せ　　は　　か

か　　せ　　は

シールを
はってね

「あ」の おべんきょう

ゆびで なぞって みよう。

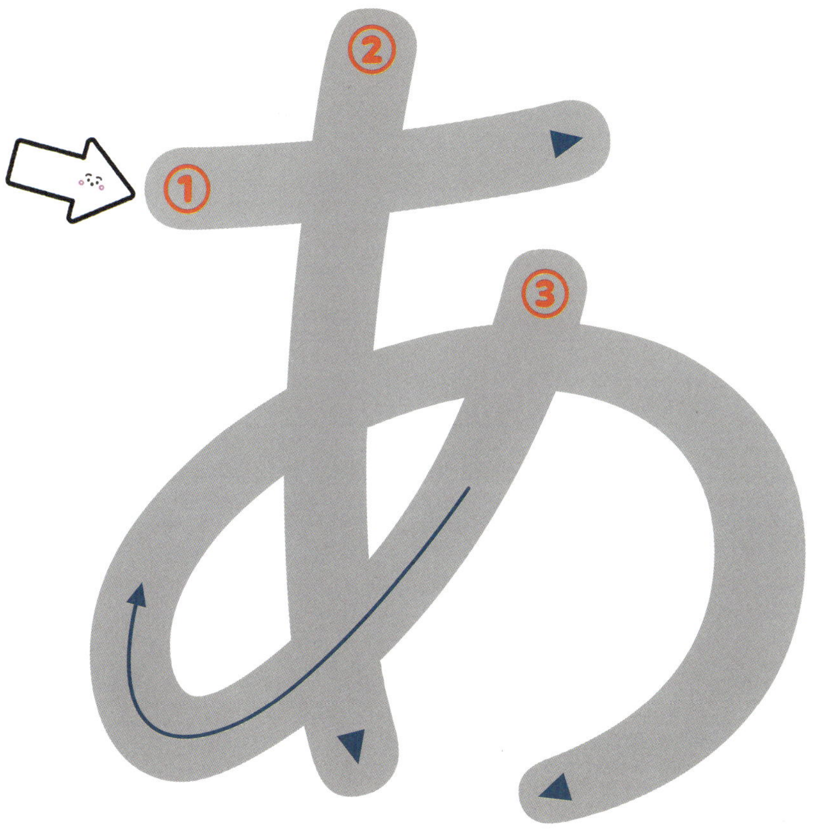

シールを
はってね

こえに だして よもう。

あめ

あし

あしか

「い」の おべんきょう

ゆびで なぞって みよう。

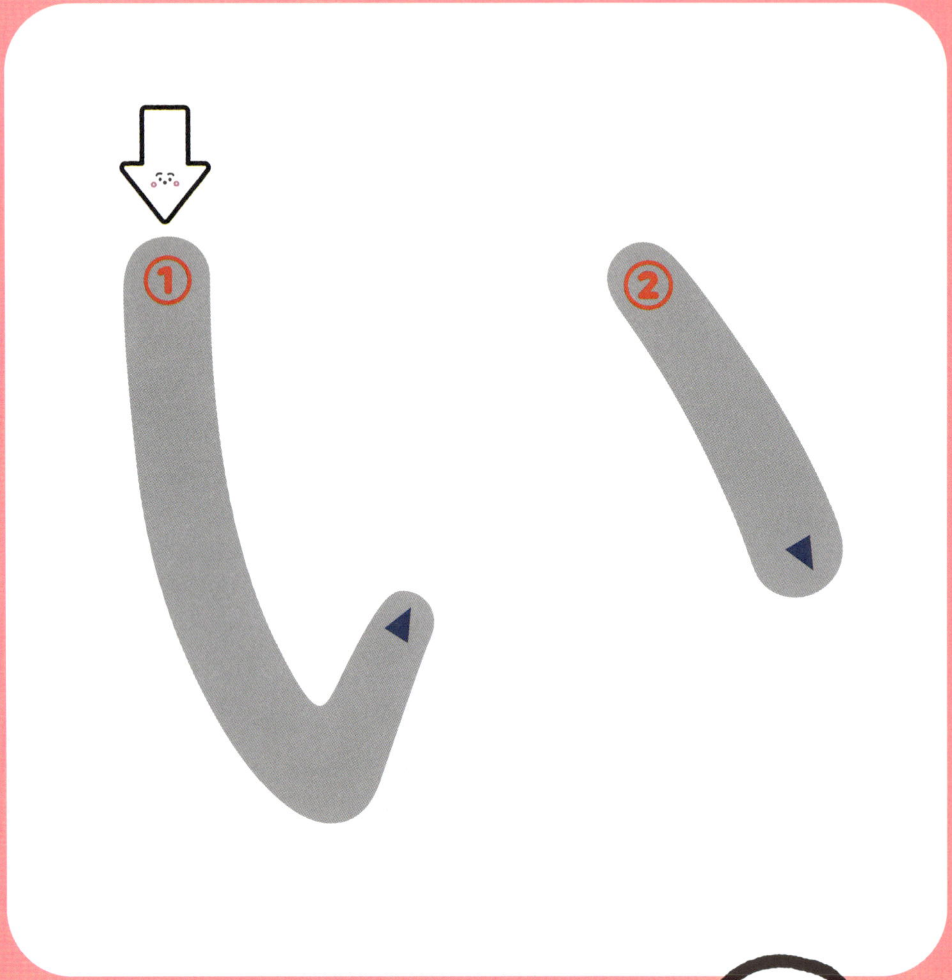

シールを
はってね

こえに だして よもう。

いす

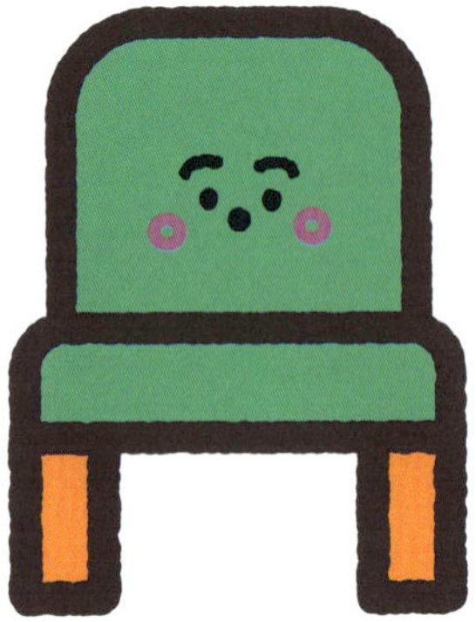

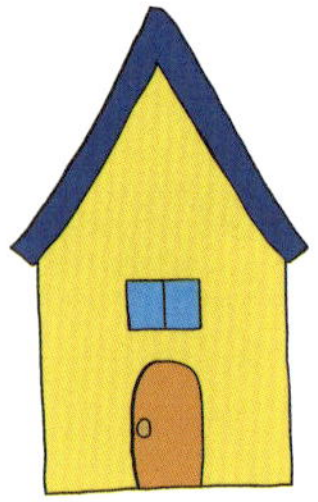

いえ

いか

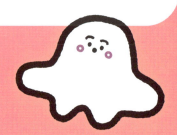

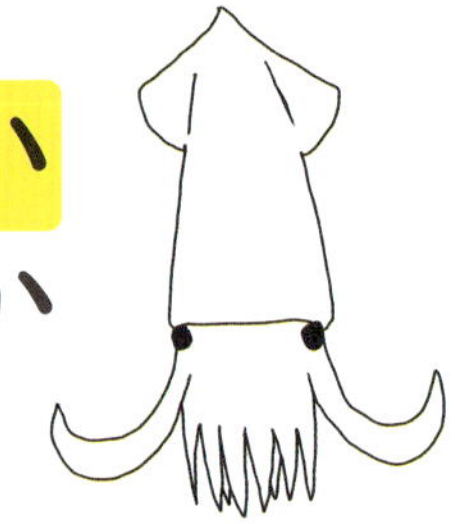

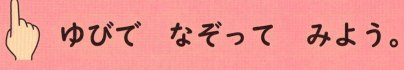

「う」の おべんきょう

シールを はってね

ゆびで なぞって みよう。

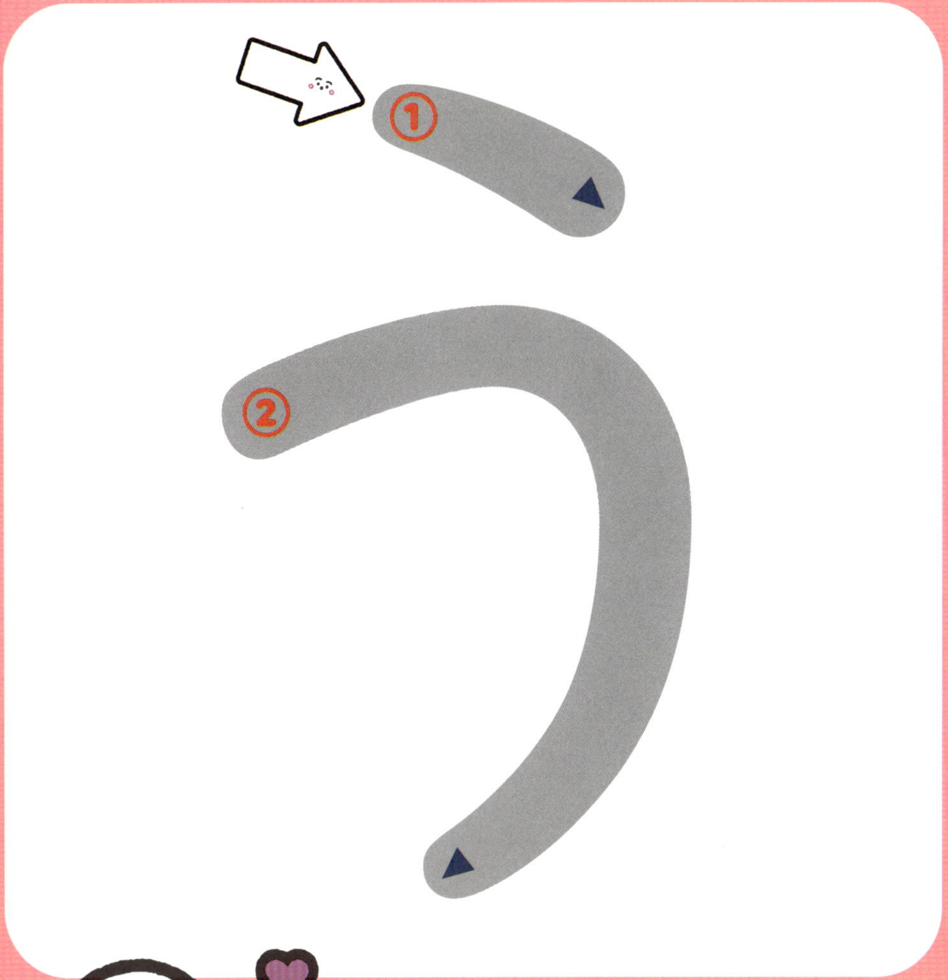

こえに だして よもう。

うさぎ

うちわ

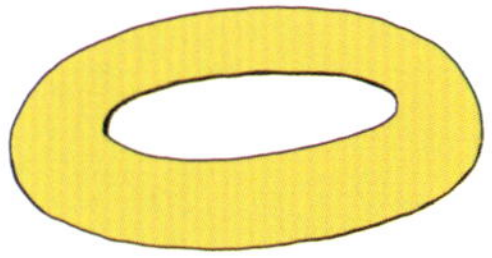

うきわ

「え」の おべんきょう

ゆびで なぞって みよう。

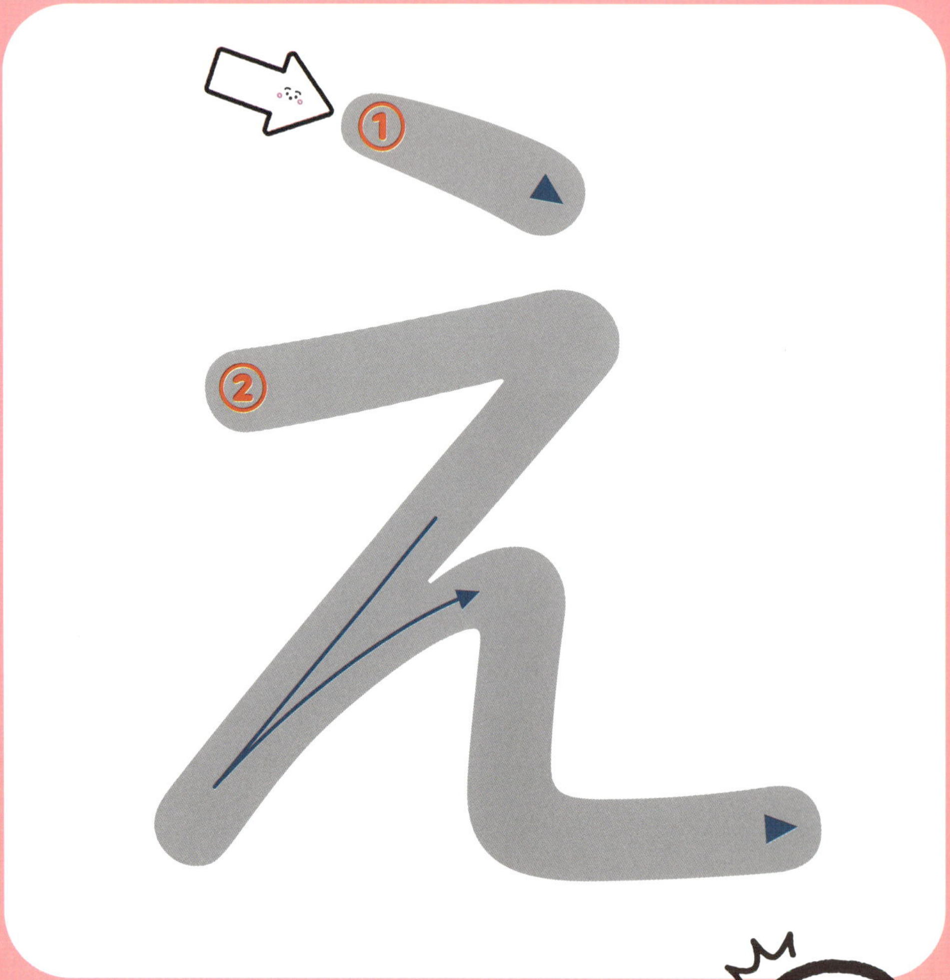

シールを はってね

こえに だして よもう。

え

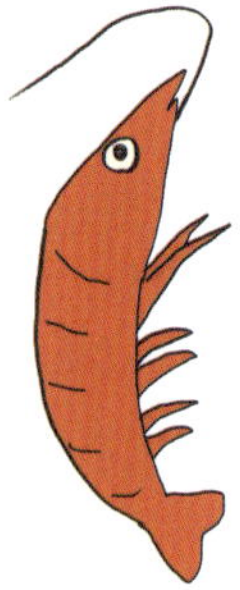

えび

えほん

「お」の おべんきょう

シールを はってね

ゆびで　なぞって　みよう。

こえに　だして　よもう。

おにぎり

おに

おばけ

「あ」～「お」の おべんきょう

えに　あう　シールを　はろう。

シールを
はってね

むつ

シールを
はってね

んぴつ

シールを
はってね

し

あ

ひる

シールを
はってね

ぬ

シールを
はってね

こたえ　（絵は右上から）えんぴつ　おむつ　いぬ　うし

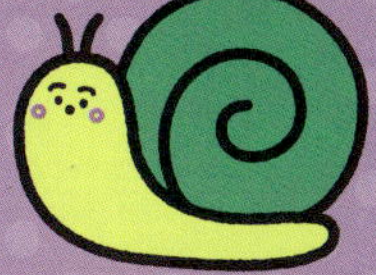

「か」の おべんきょう

シールを はってね

ゆびで なぞって みよう。

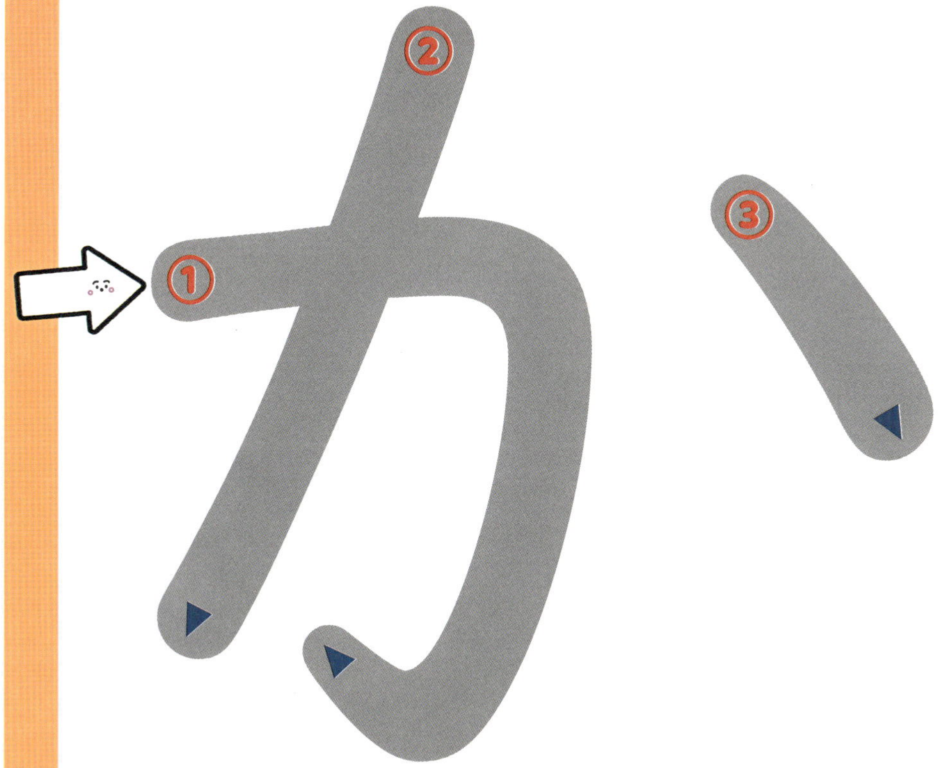

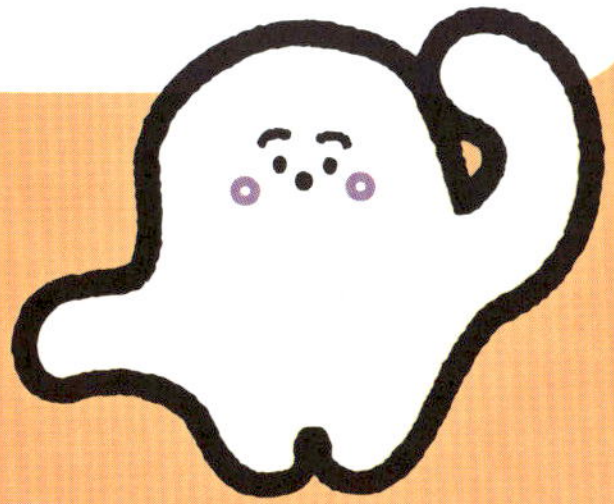

こえに だして よもう。

かたつむり

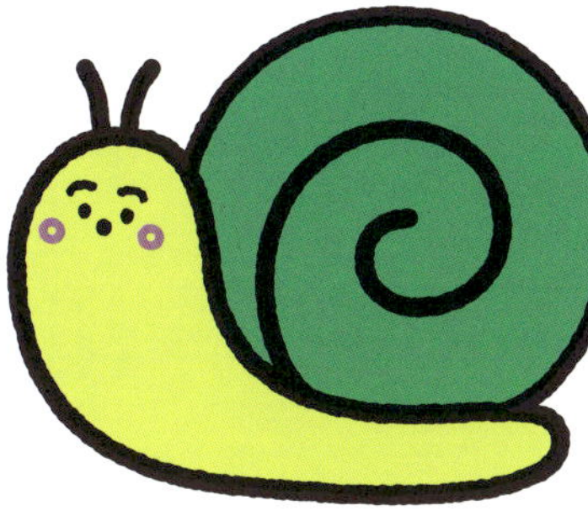

かもめ

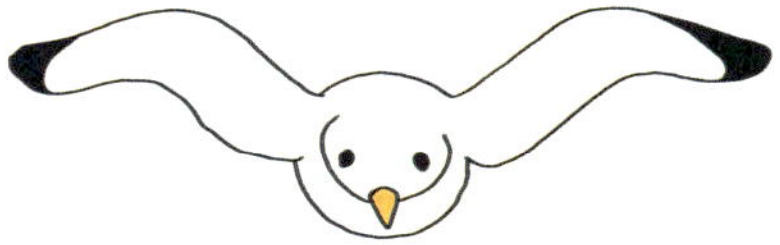

かば

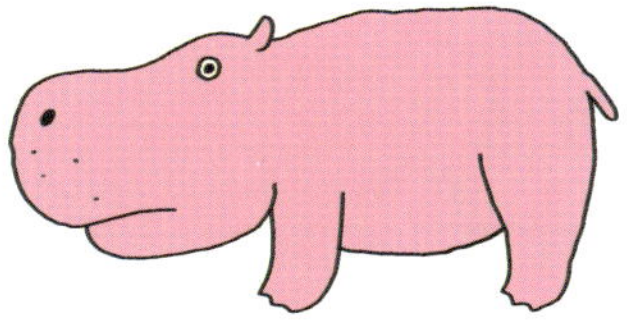

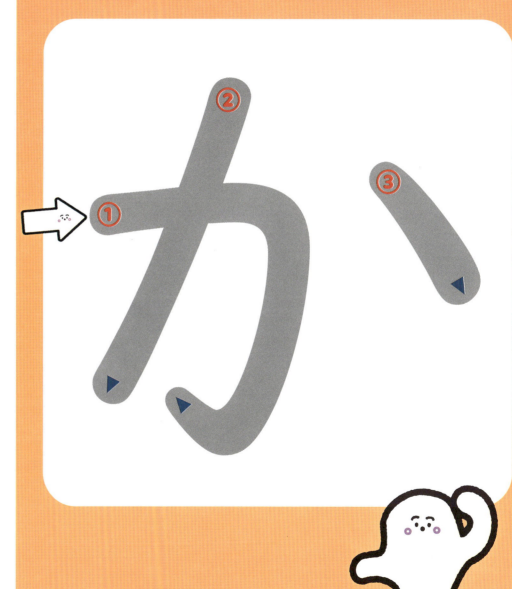

「き」の おべんきょう

シールを はってね

ゆびで なぞって みよう。

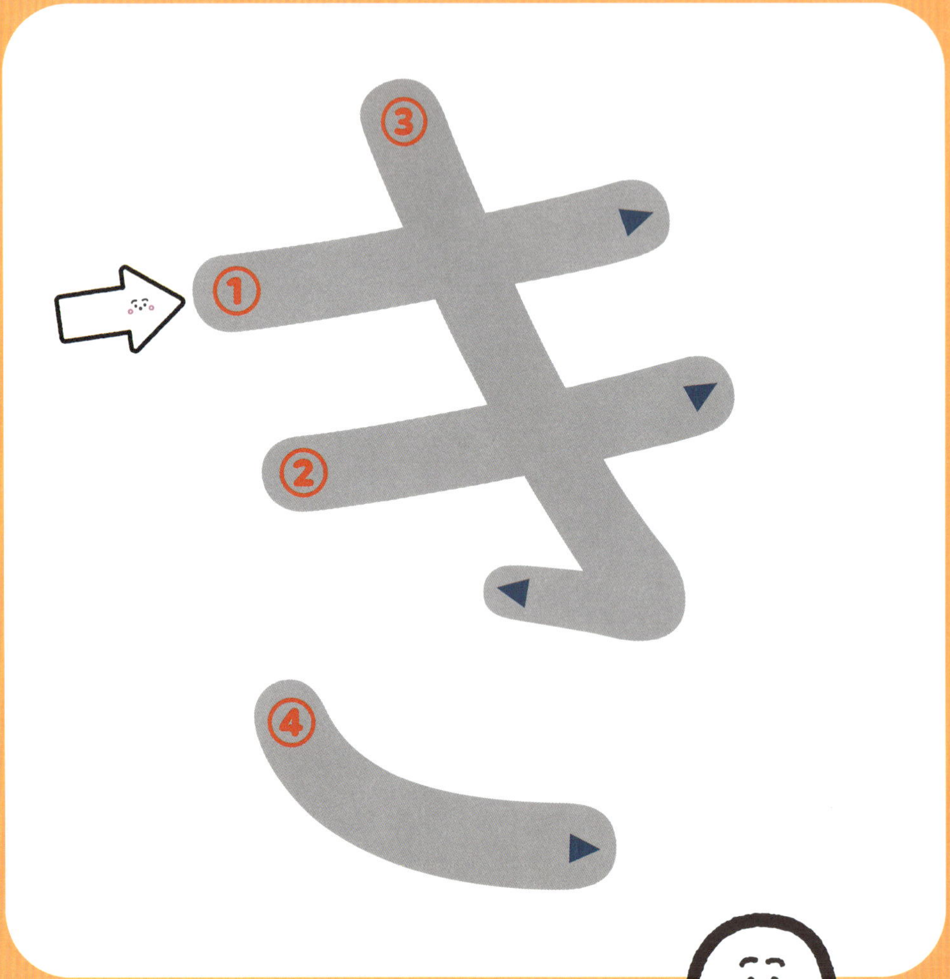

こえに だして よもう。

きりん

き

きつね

「く」の おべんきょう

シールを
はってね

ゆびで なぞって みよう。

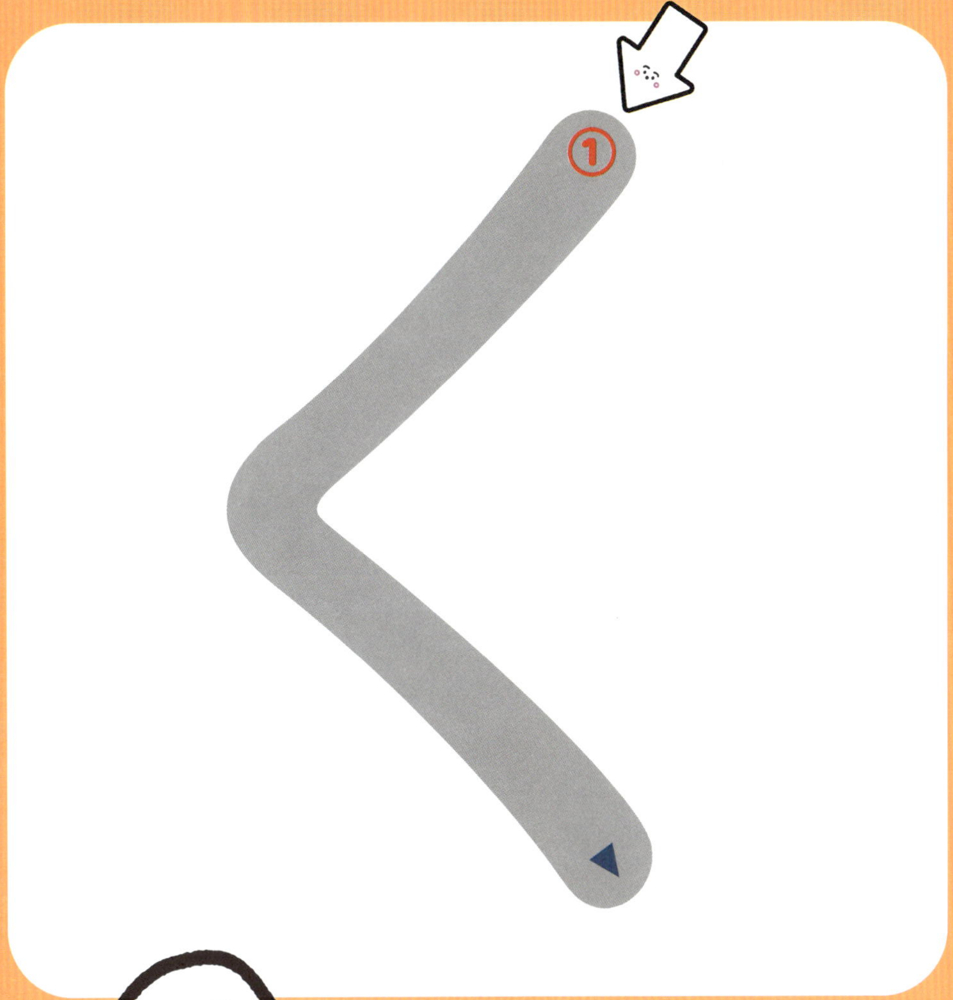

こえに だして よもう。

くるま

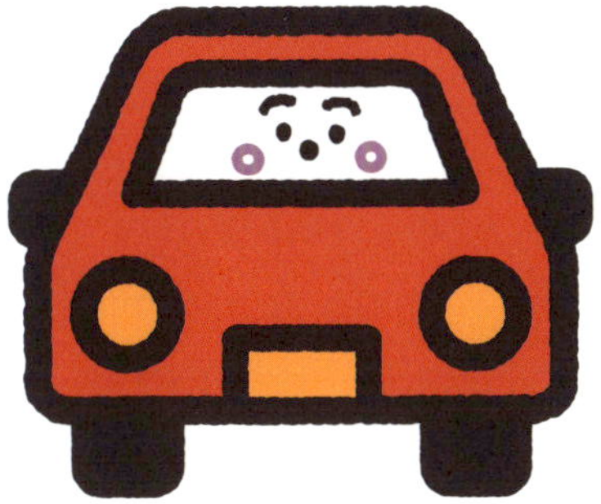

くじら

くも

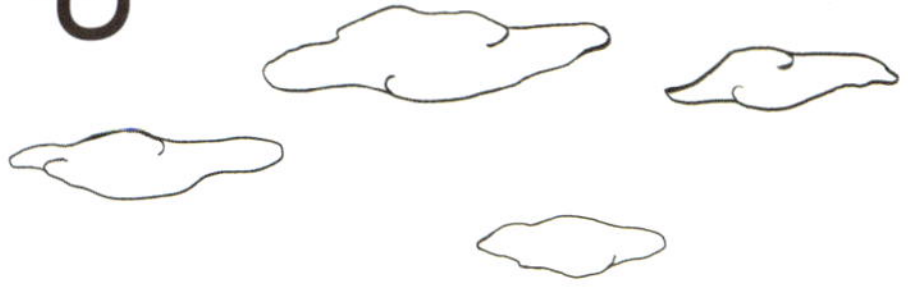

「け」の おべんきょう

ゆびで なぞって みよう。

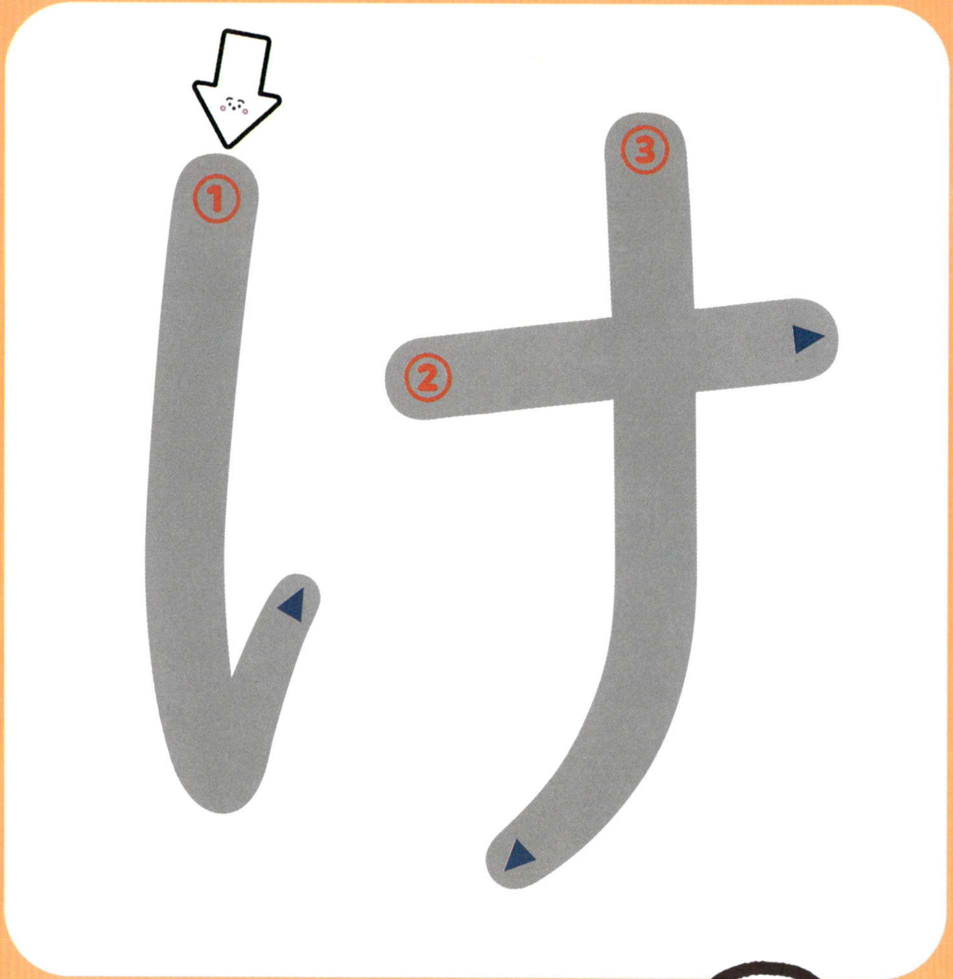

シールを はってね

こえに だして よもう。

けいと

けしごむ

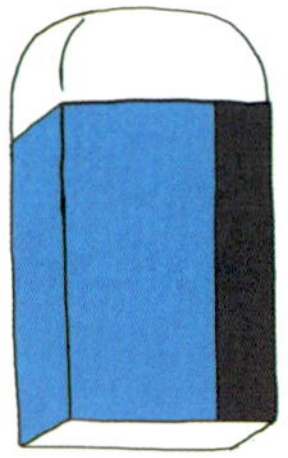

けむし

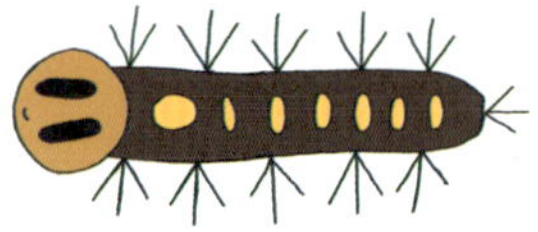

「こ」の おべんきょう

シールを はってね

ゆびで なぞって みよう。

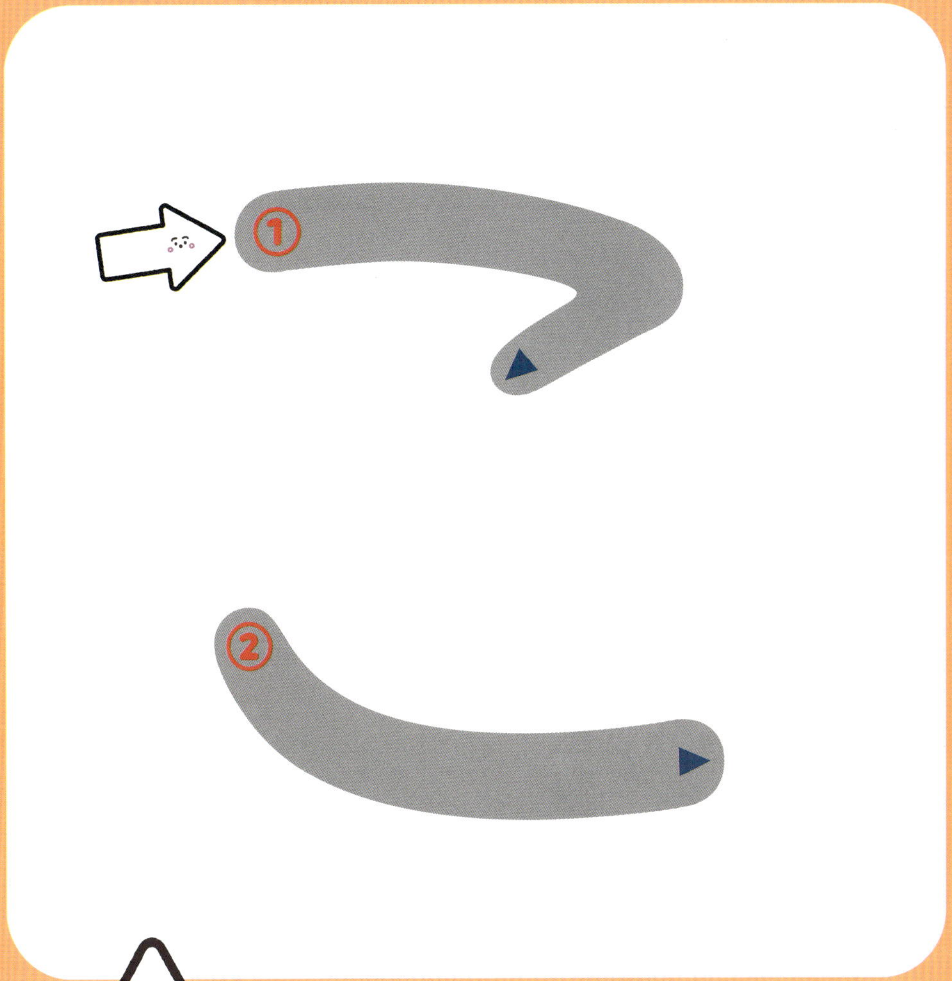

こえに だして よもう。

こっぷ

こけし

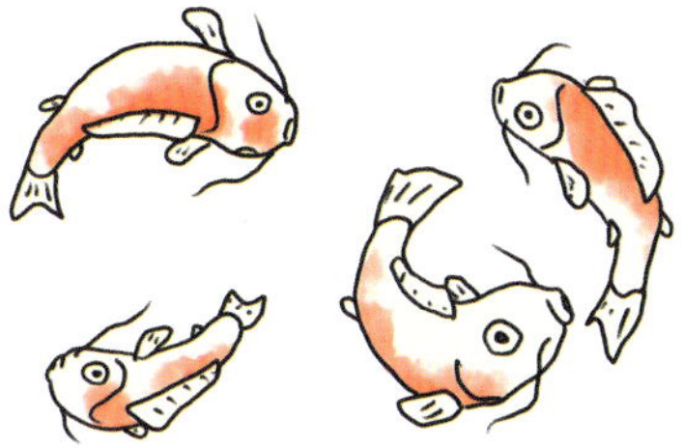

こい

「か」〜「こ」の おべんきょう

「か」が つく ものに ○を つけよう。

みほん

かい

シールを
はってね

こたえ かぼちゃ かさ（に○をつける）

「さ」の おべんきょう

ゆびで　なぞって　みよう。

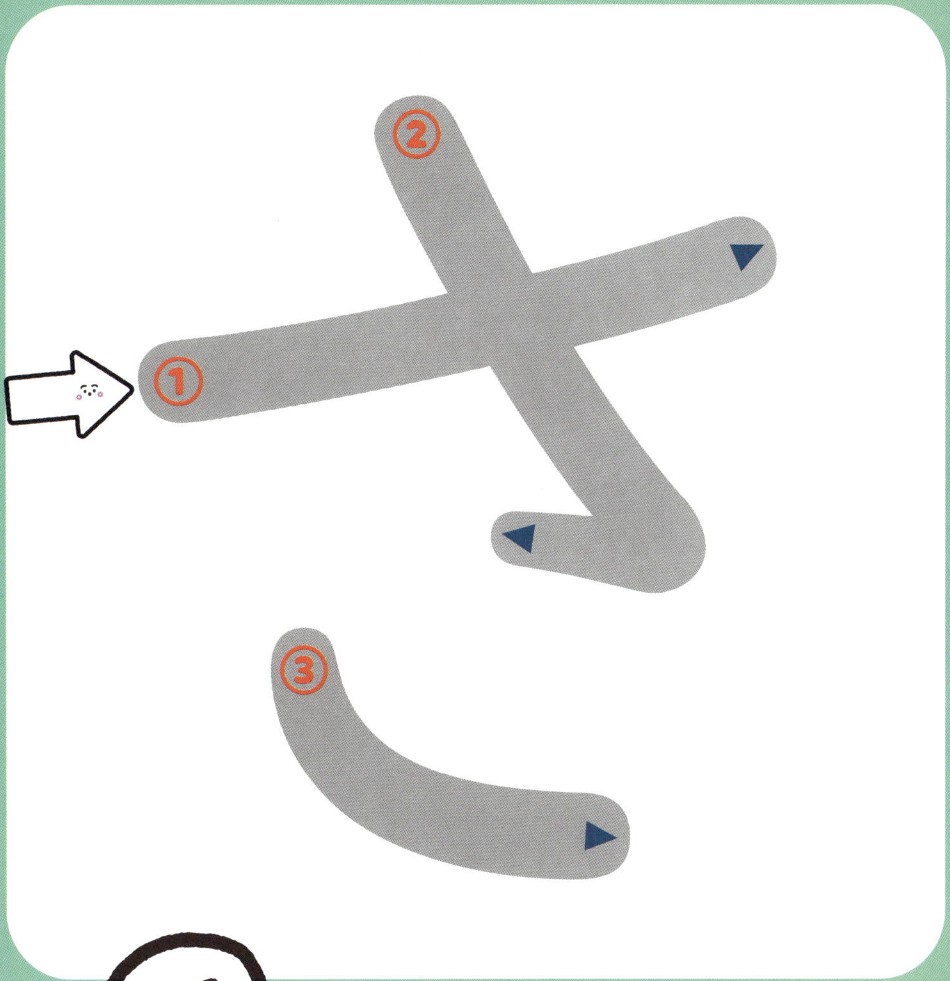

シールを
はってね

こえに　だして　よもう。

さかな

さつまいも

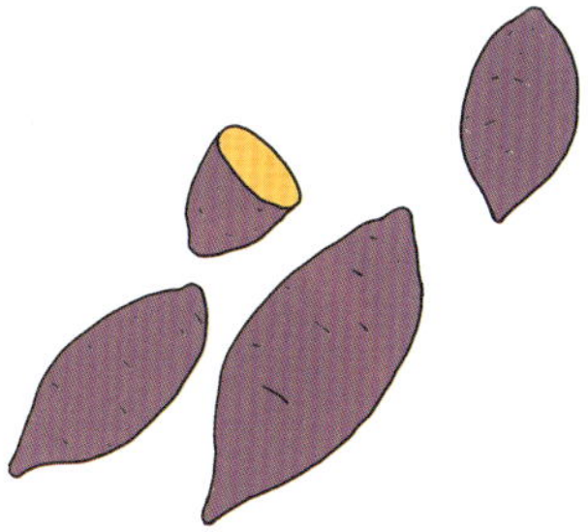

さいころ

「し」の おべんきょう

ゆびで　なぞって　みよう。

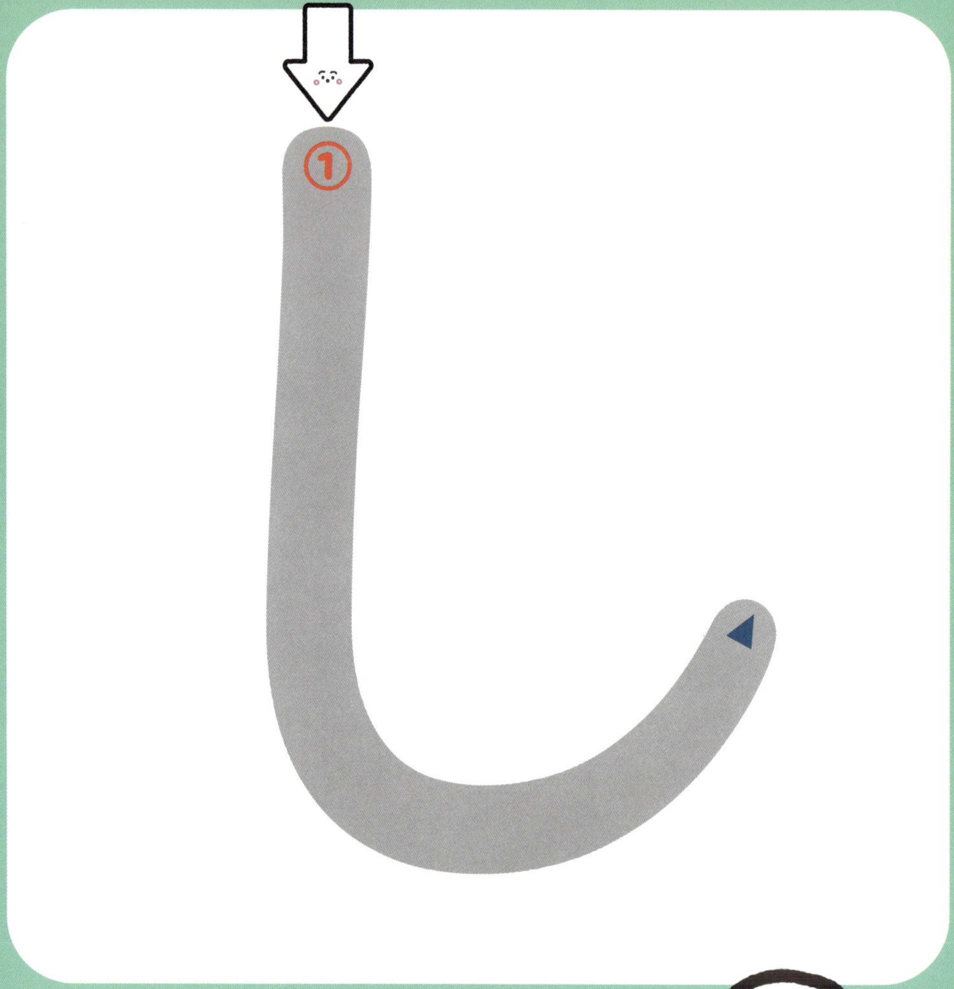

こえに　だして　よもう。

し
しかく

し
しんごう

し
しろくま

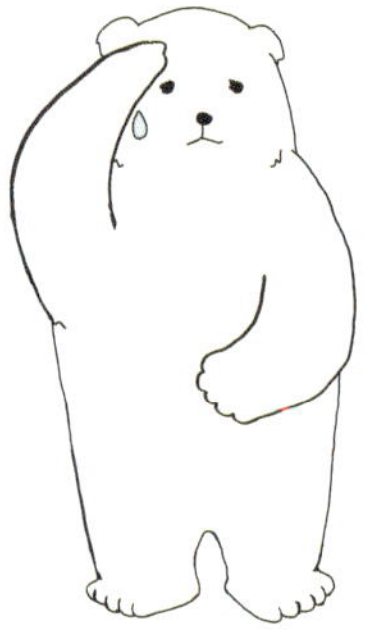

シールを
はってね

「す」の おべんきょう

シールを はってね

ゆびで なぞって みよう。

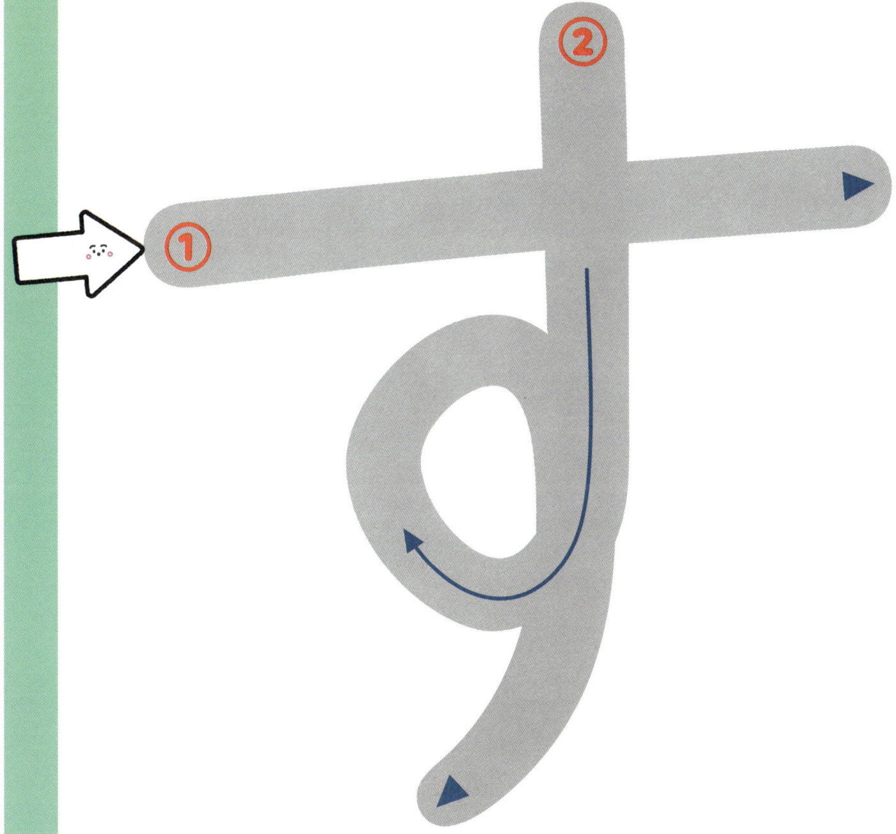

こえに だして よもう。

すいか

すし

すもう

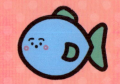

「せ」の おべんきょう

ゆびで なぞって みよう。

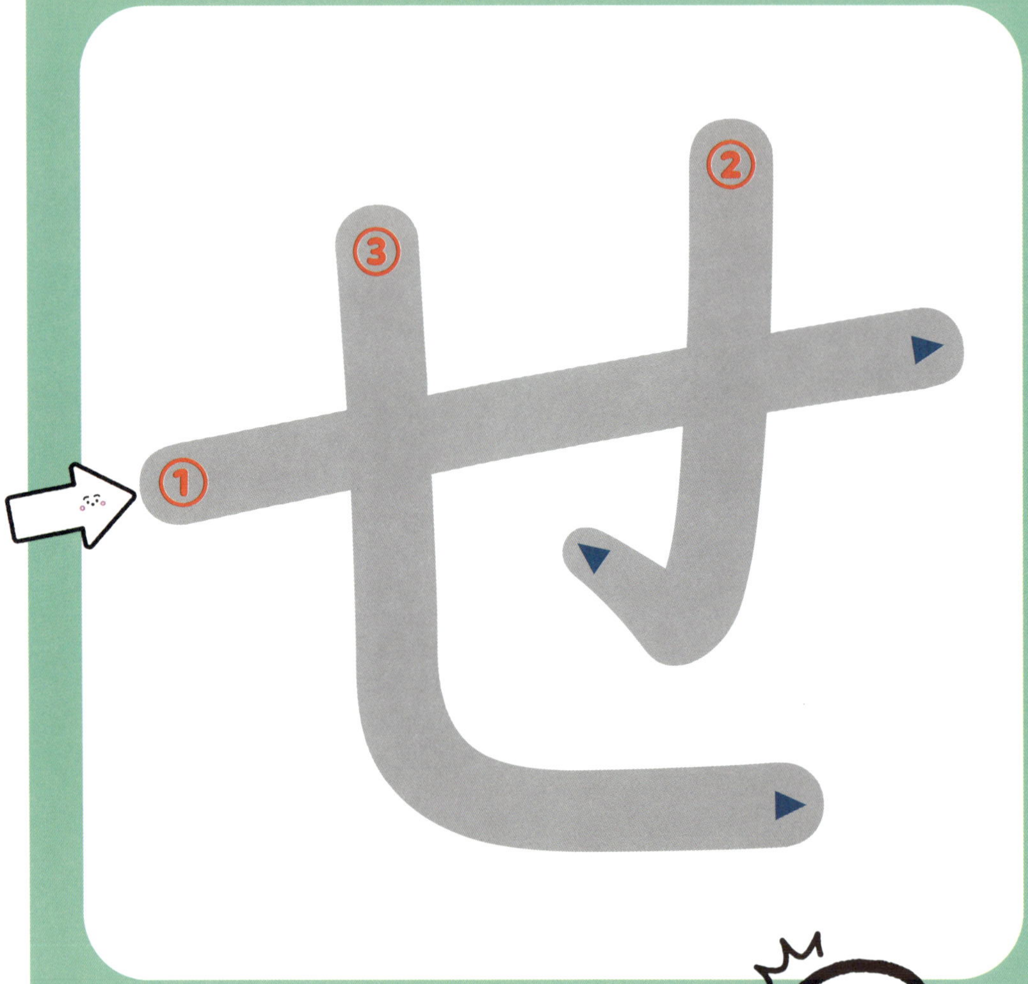

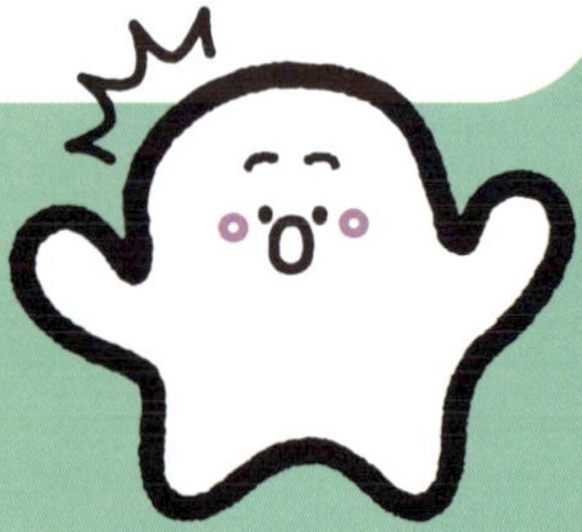

シールを はってね

こえに だして よもう。

せみ

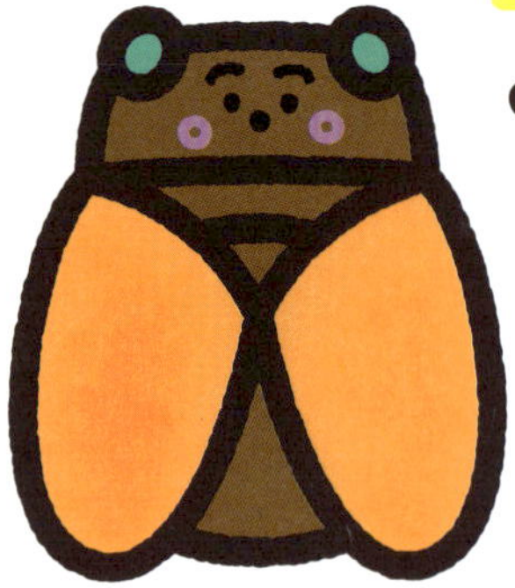

せっけん

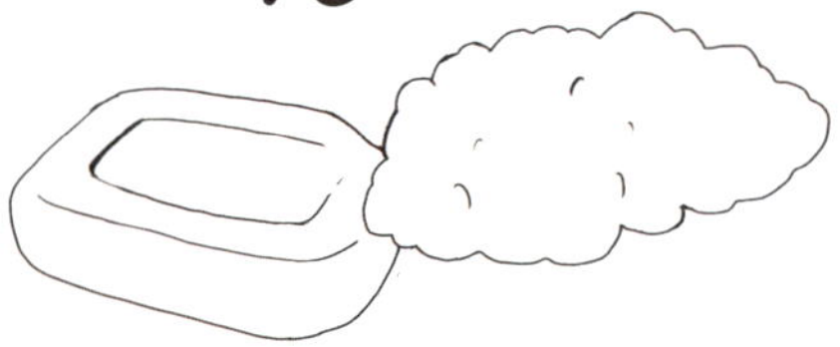

せいうち

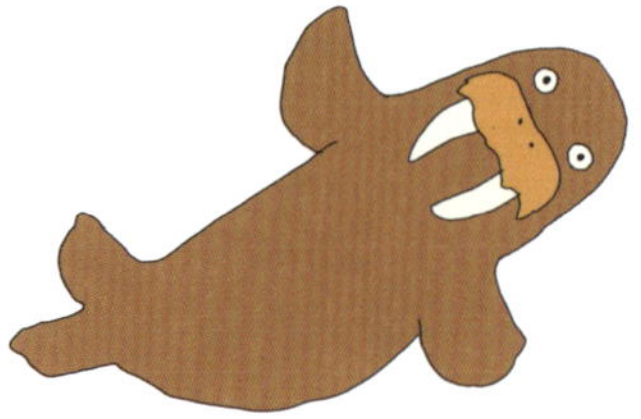

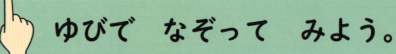

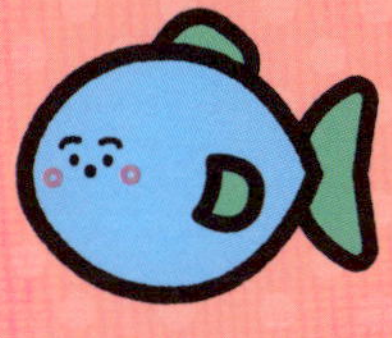

「そ」の おべんきょう

シールを はってね

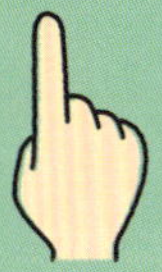

ゆびで なぞって みよう。

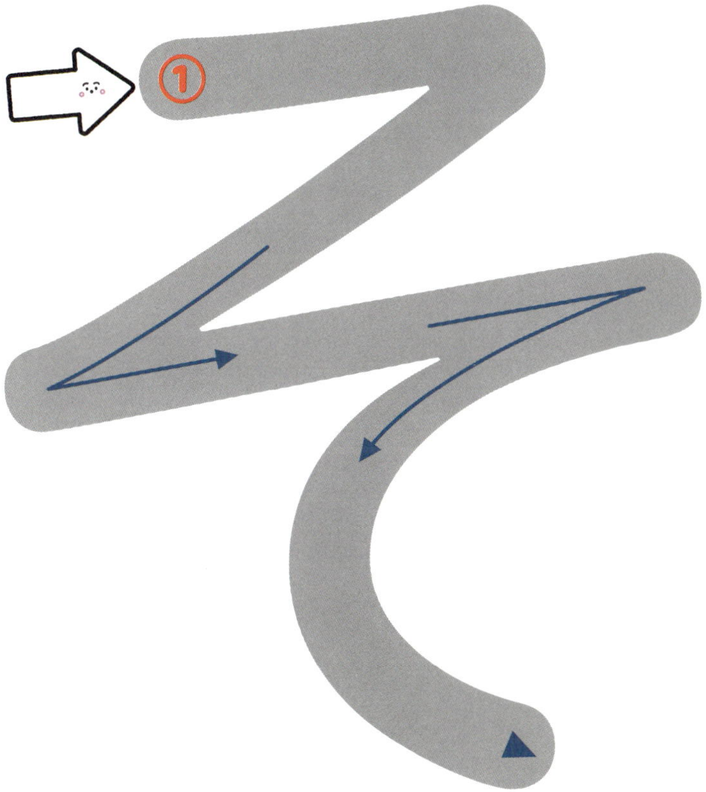

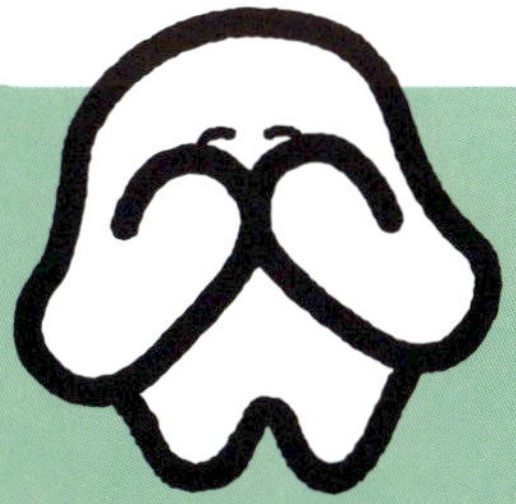

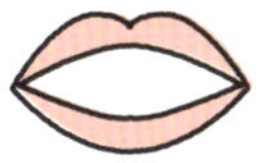

こえに だして よもう。

そら

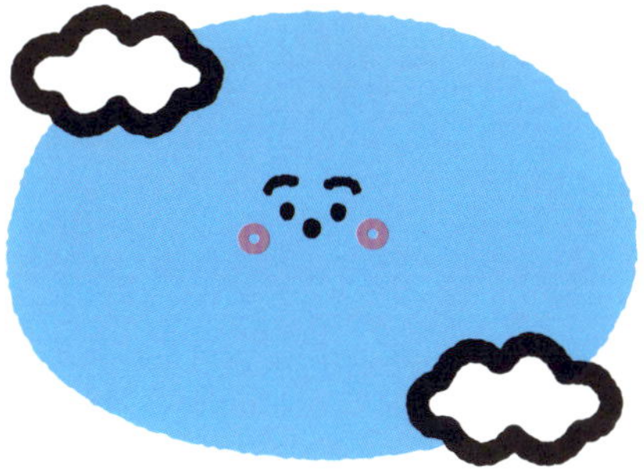

そば

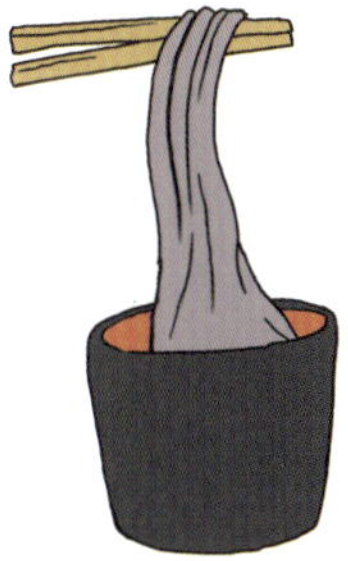

そうじき

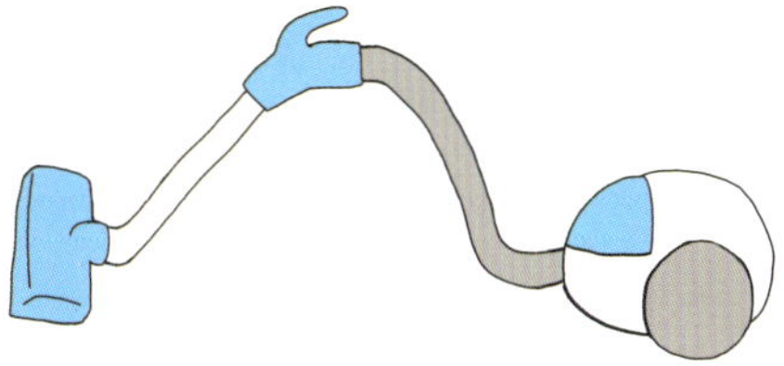

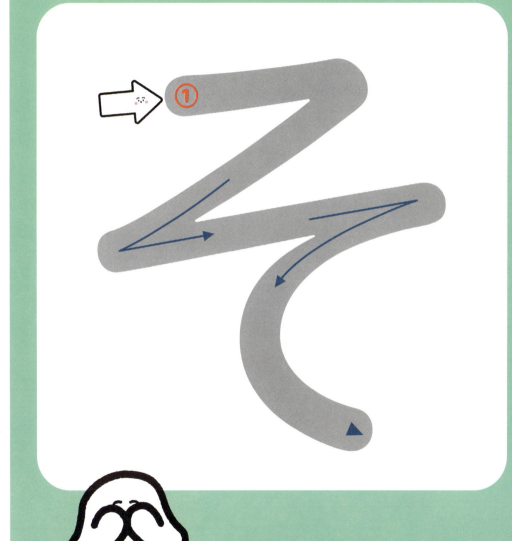

「さ」〜「そ」の おべんきょう

ことばと えを せんで むすぼう。

そり	せみ	すずめ	しか	さる

シールを はってね

こたえ （絵は右から）しか さる すずめ そり せみ

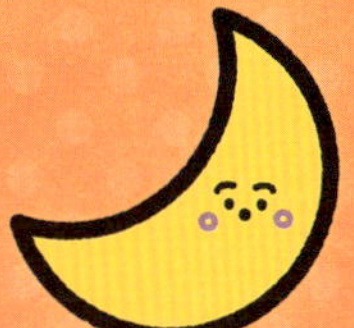

「た」の おべんきょう

シールを はってね

ゆびで なぞって みよう。

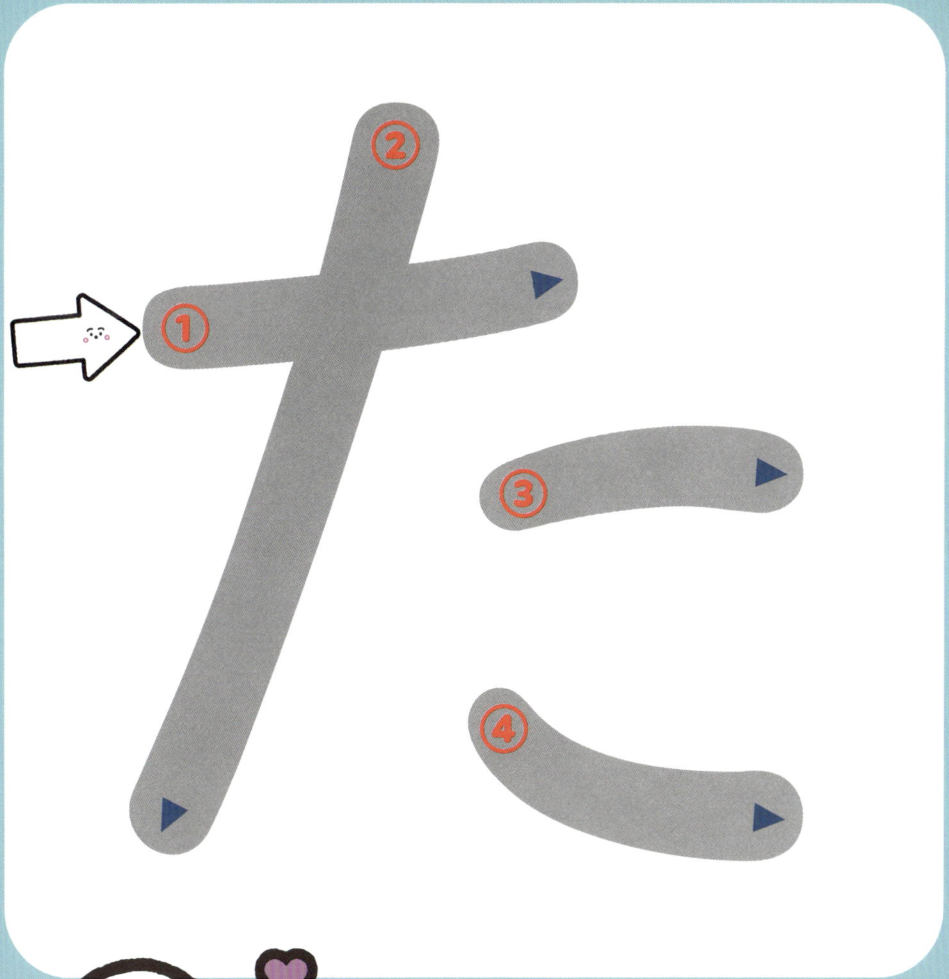

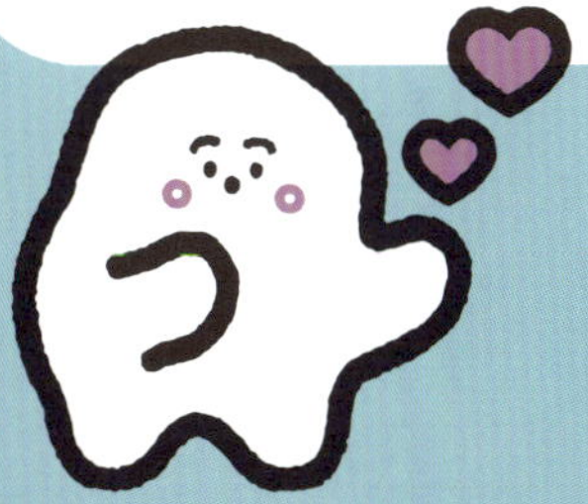

こえに だして よもう。

たぬき

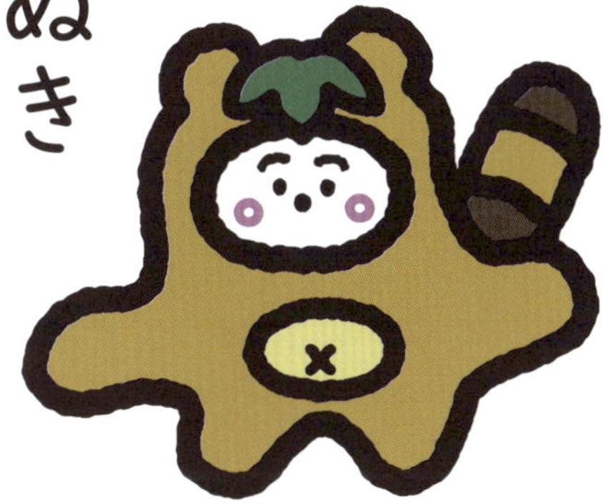

たまご

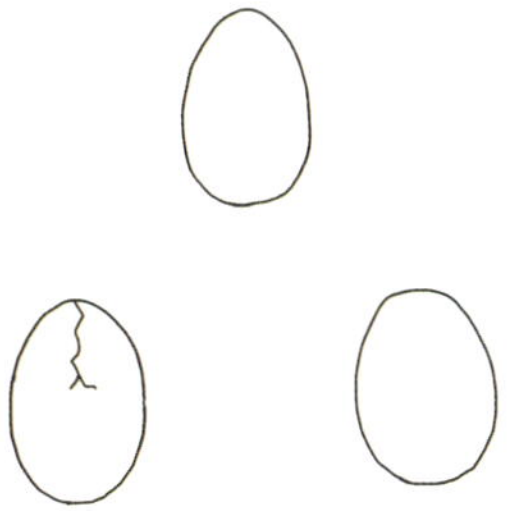

たいよう

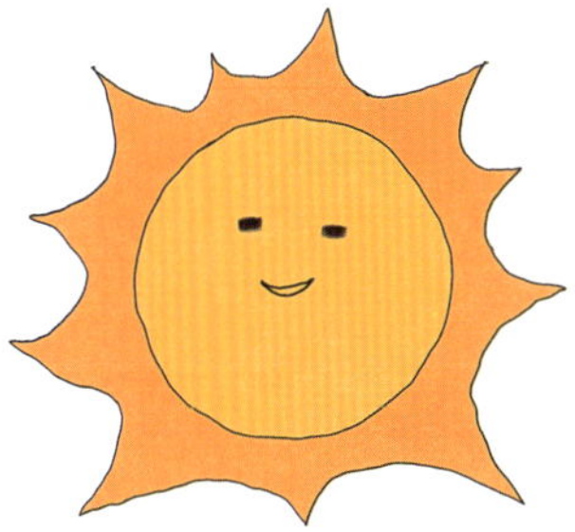

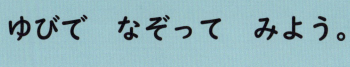

「ち」の おべんきょう

ゆびで なぞって みよう。

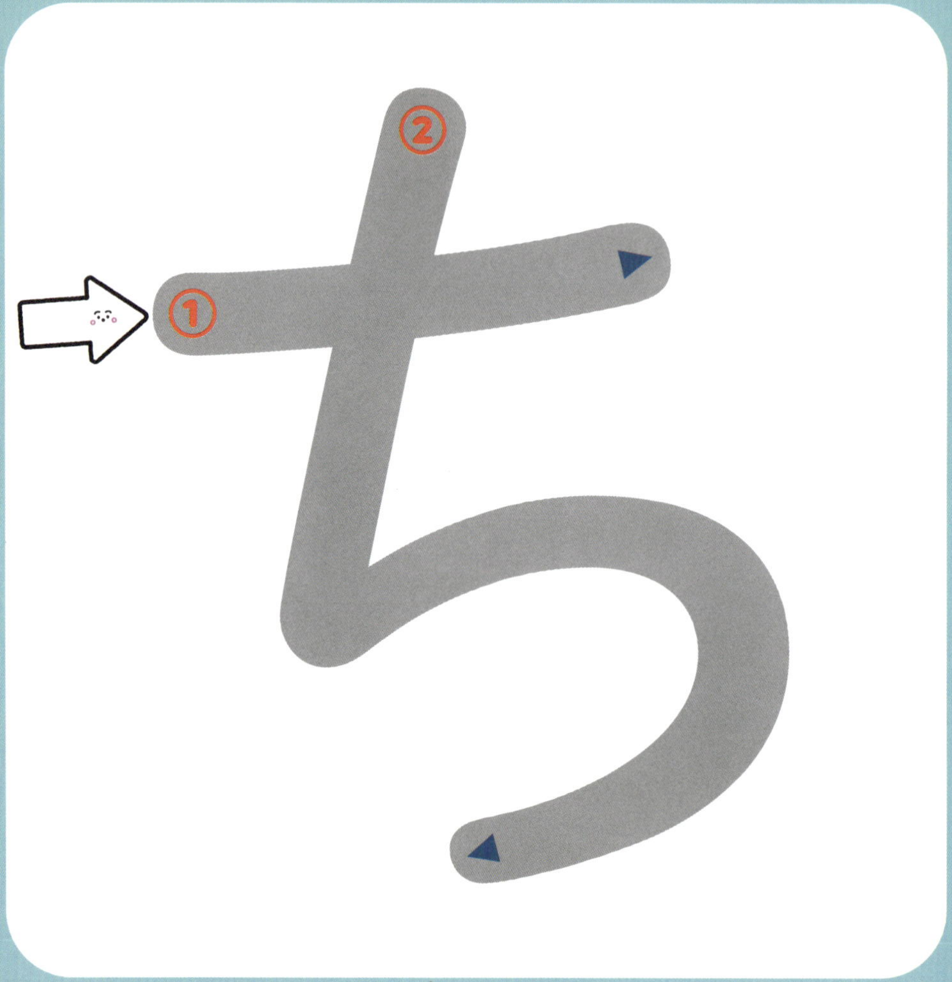

シールを はってね

こえに だして よもう。

ちょうちょう

ちくわ

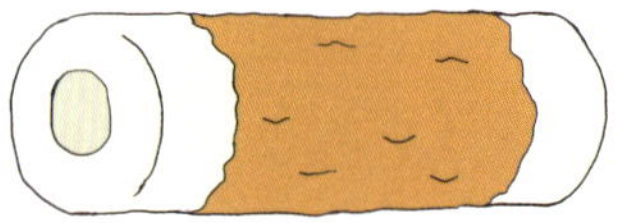

ちず

「つ」の おべんきょう

シールを
はってね

ゆびで　なぞって　みよう。

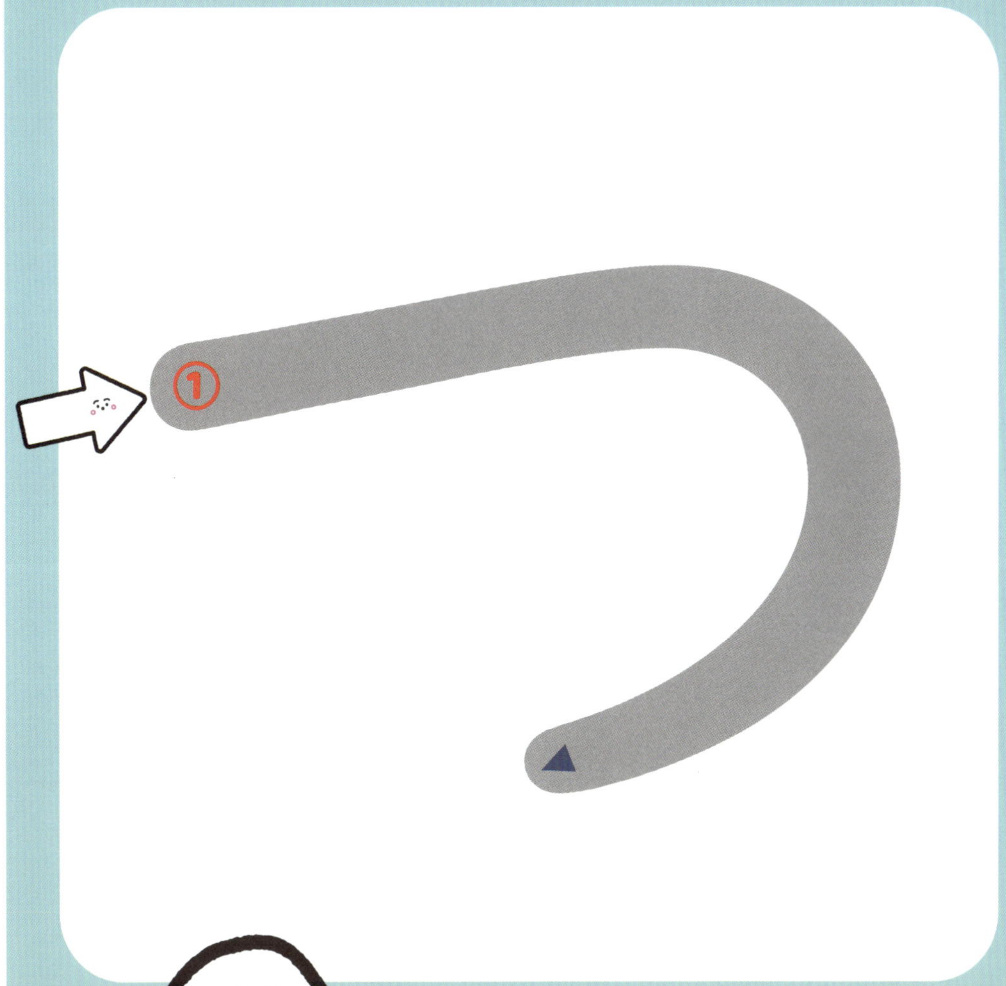

こえに　だして　よもう。

つき

つみき

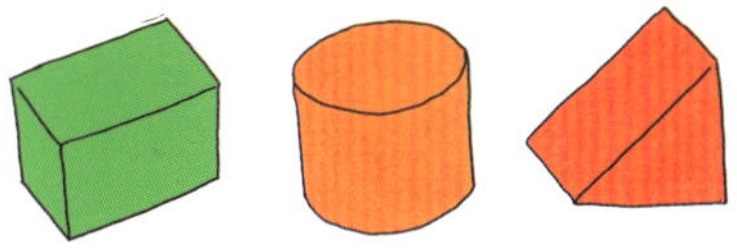

つの

「て」の おべんきょう

ゆびで なぞって みよう。

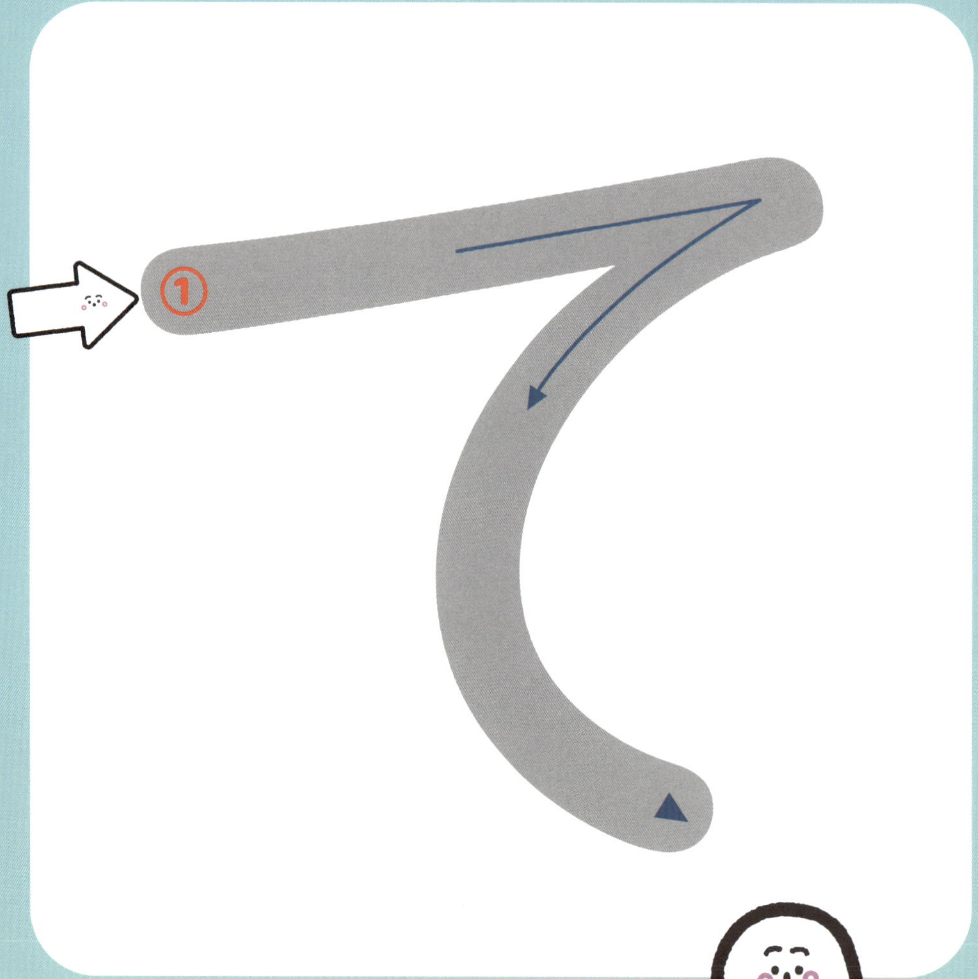

シールを はってね

こえに だして よもう。

てんとうむし

てぶくろ

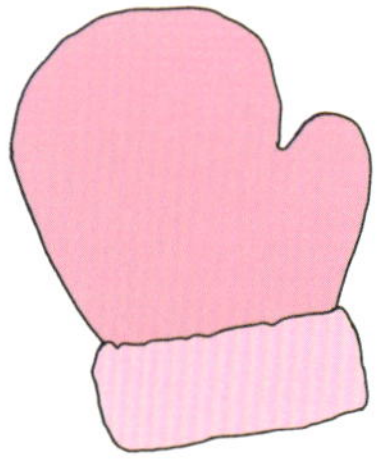

てがみ

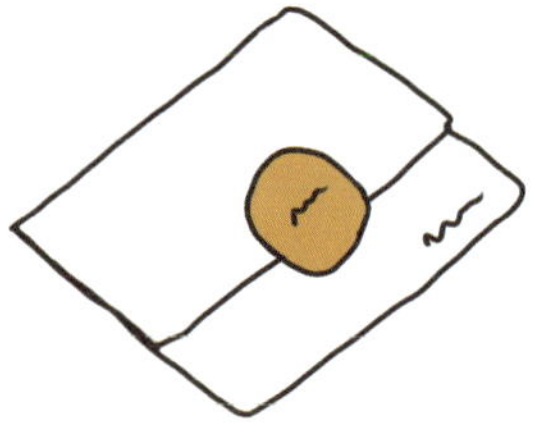

「と」の おべんきょう

ゆびで なぞって みよう。

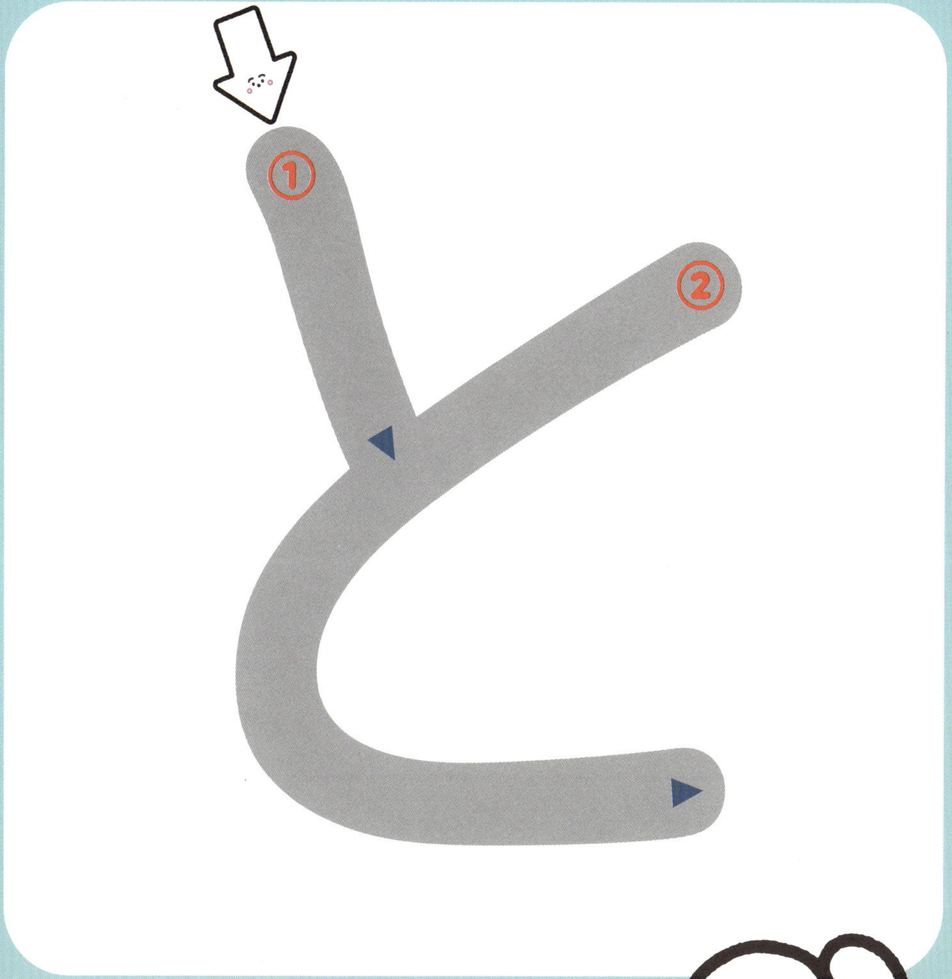

シールを はってね

こえに だして よもう。

とんぼ

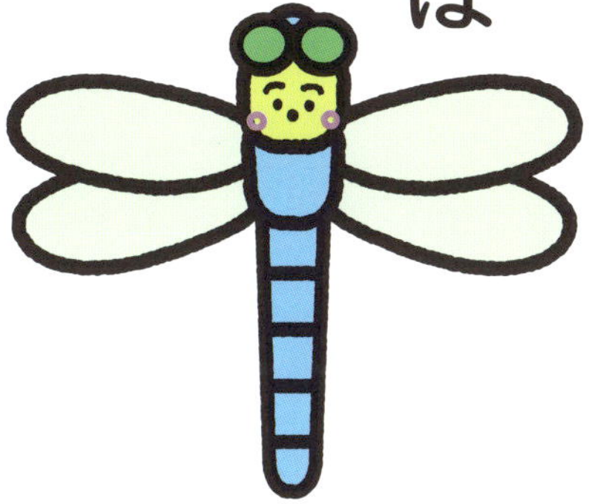

とかげ

とけい

「た」〜「と」の　おべんきょう

シールを
はってね

えに　あう　シールを　はろう。

シールを
はってね

ら

シールを
はってね

こ

シールを
はってね

んとうむし

つ

くえ

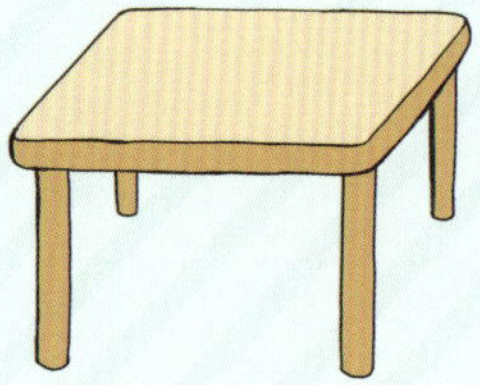

シールを
はってね

きゅう

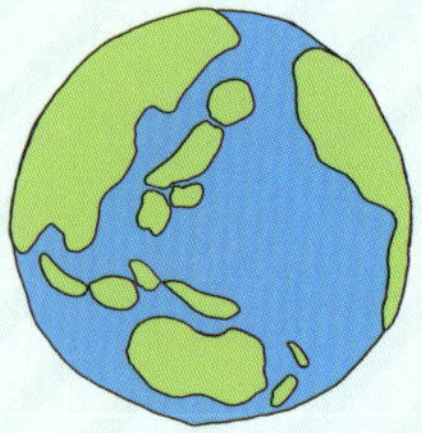

こたえ　（絵は右上から）たこ　とら　てんとうむし　ちきゅう

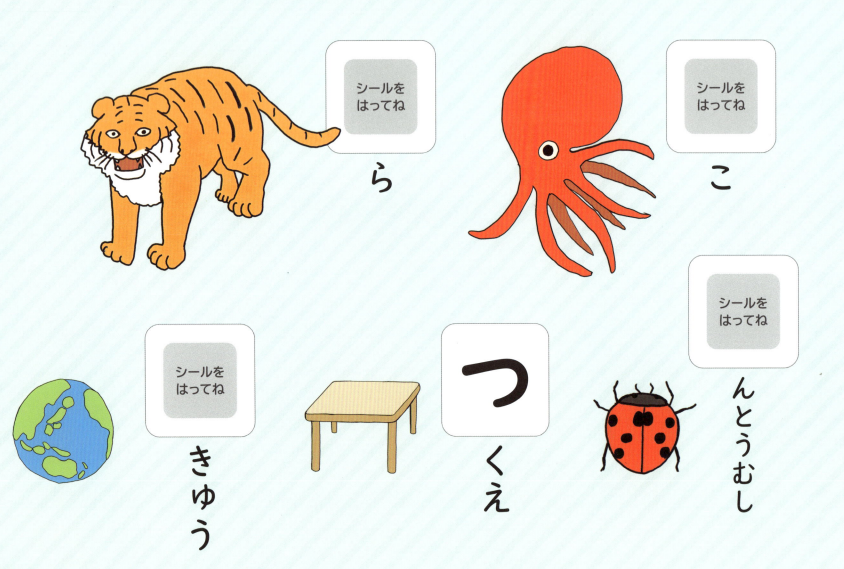

すきな　いろで　ぬろう。

ぬりえ

シールを
はってね

すきな　いろで　ぬろう。

ぬりえ

シールを
はってね

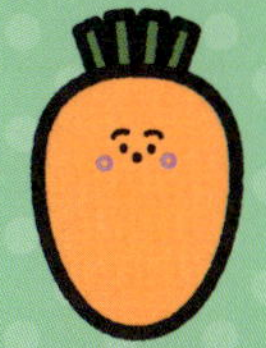

「な」のおべんきょう

シールをはってね

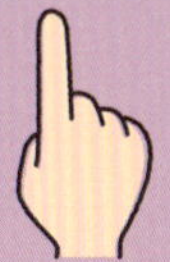

ゆびで　なぞって　みよう。

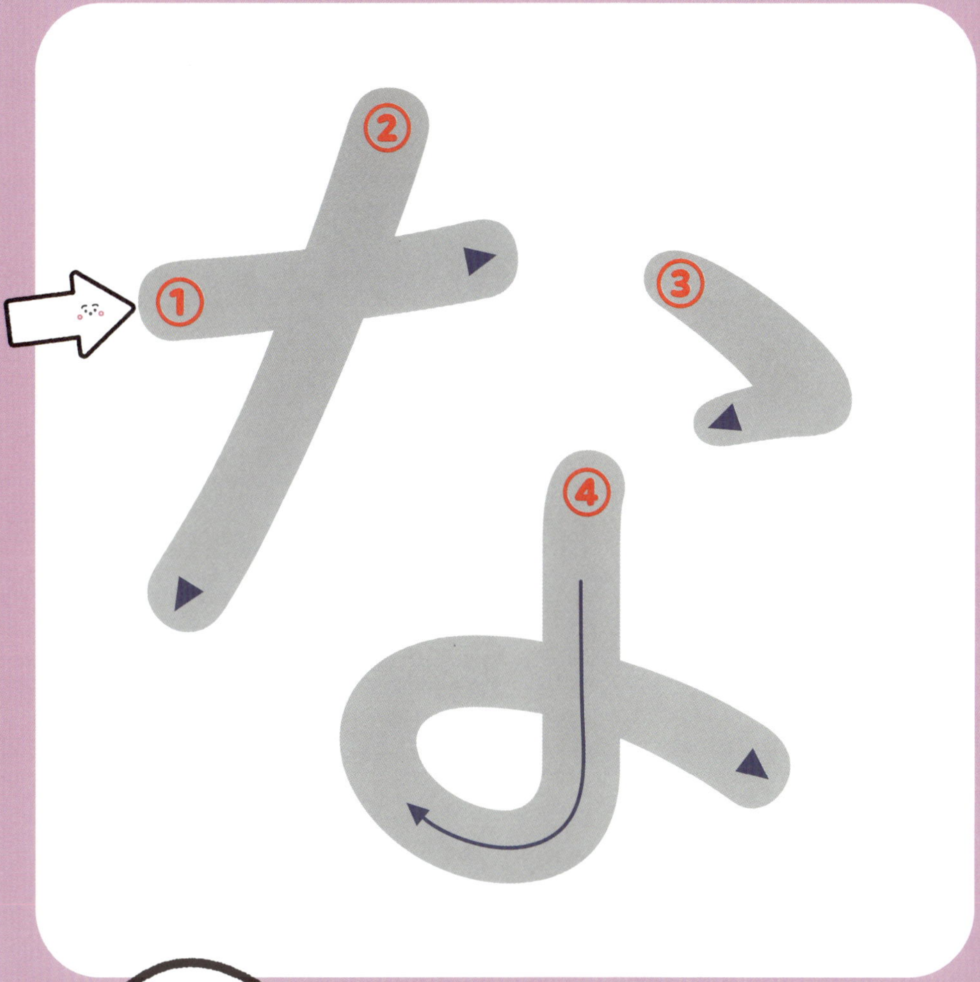

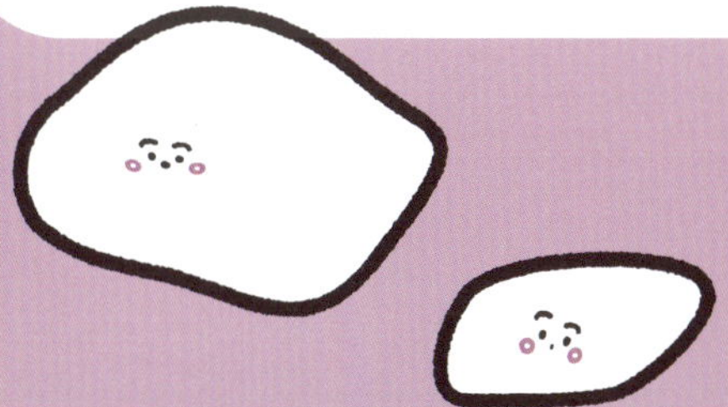

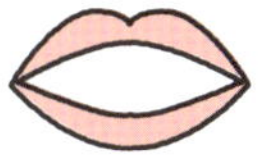

こえに　だして　よもう。

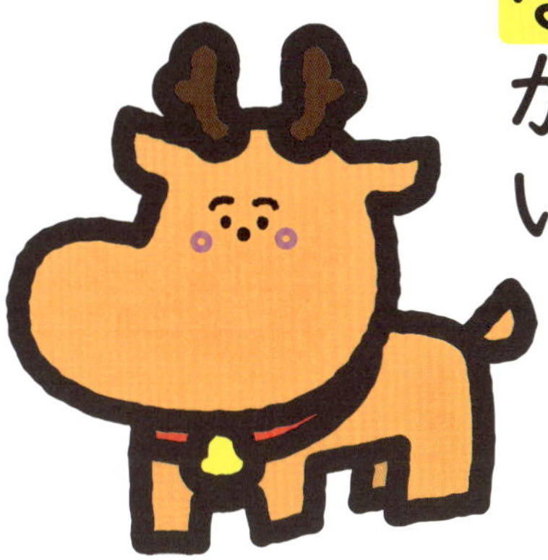

となかい

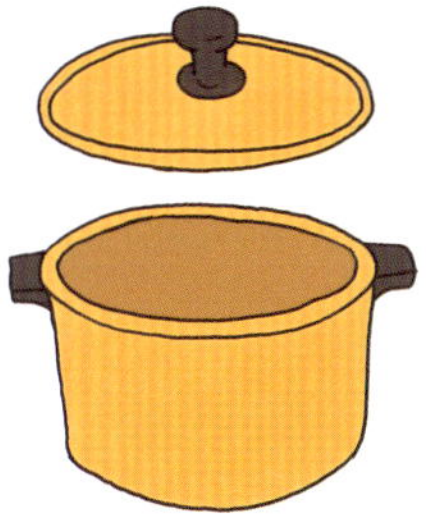

なべ

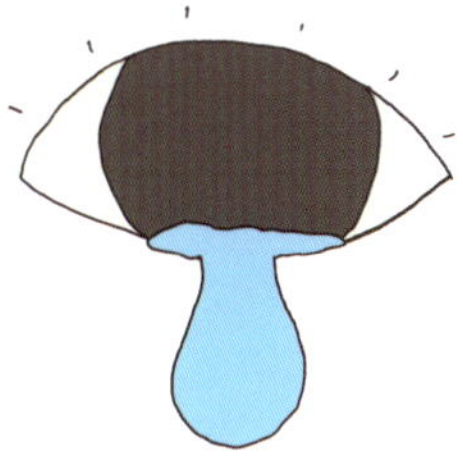

なみだ

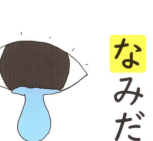

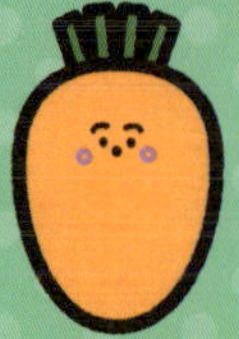

「に」の おべんきょう

ゆびで なぞって みよう。

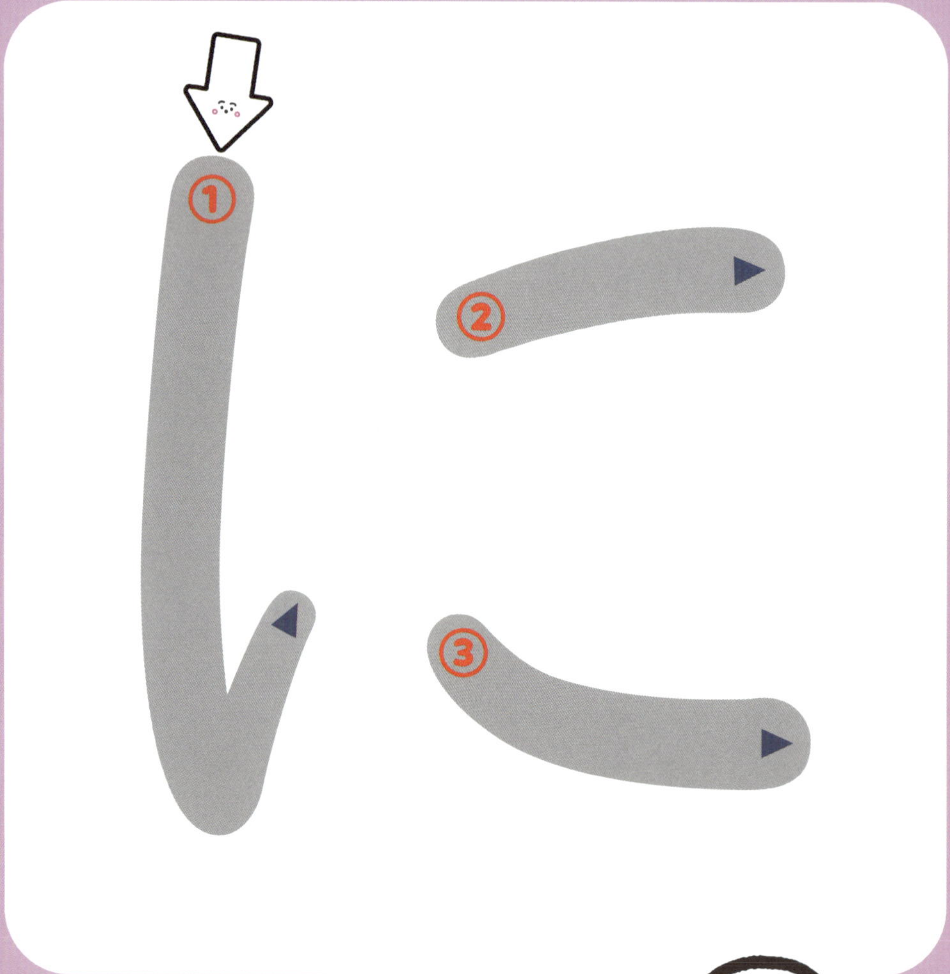

シールを はってね

こえに だして よもう。

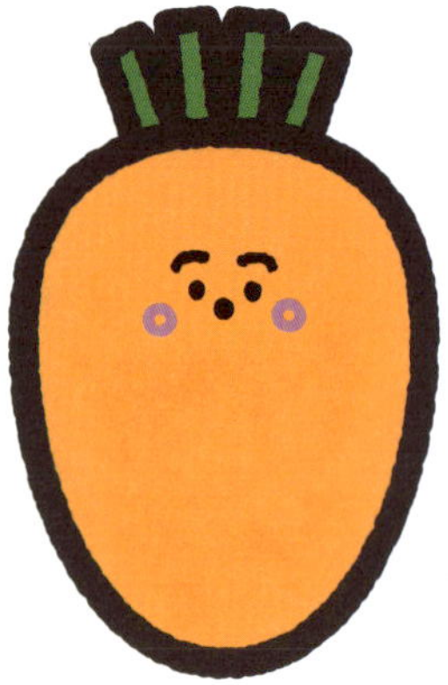

にんじん

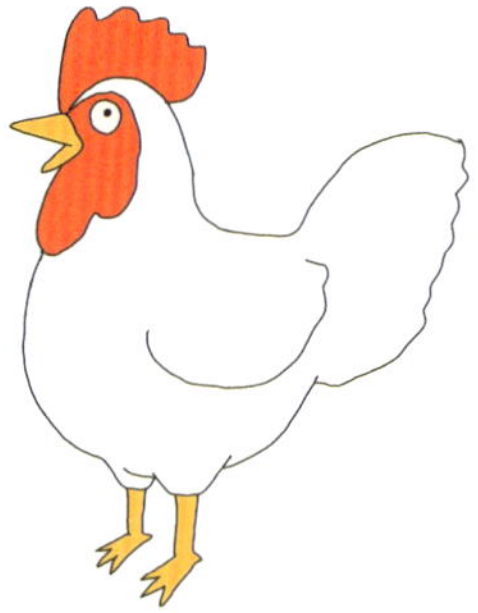

にわとり

にじ

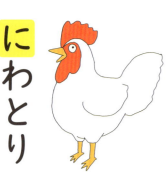

「ぬ」の おべんきょう

シールを
はってね

ゆびで なぞって みよう。

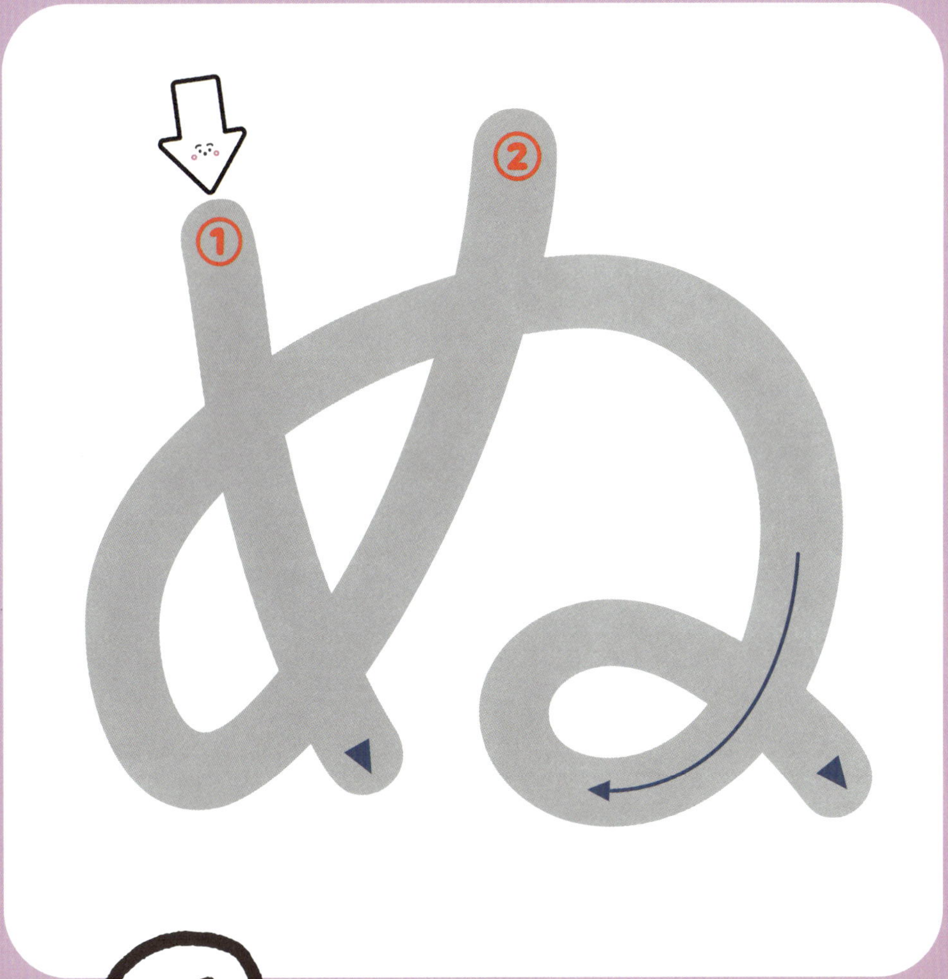

こえに だして よもう。

ぬいぐるみ

ぬけがら

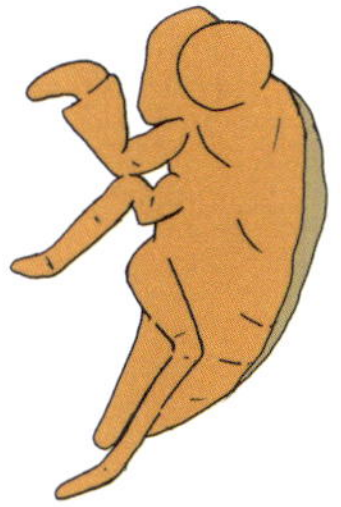

ぬりえ

「ね」の おべんきょう

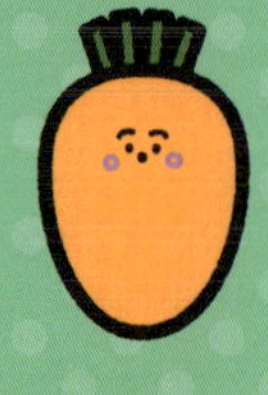

シールを
はってね

ゆびで　なぞって　みよう。

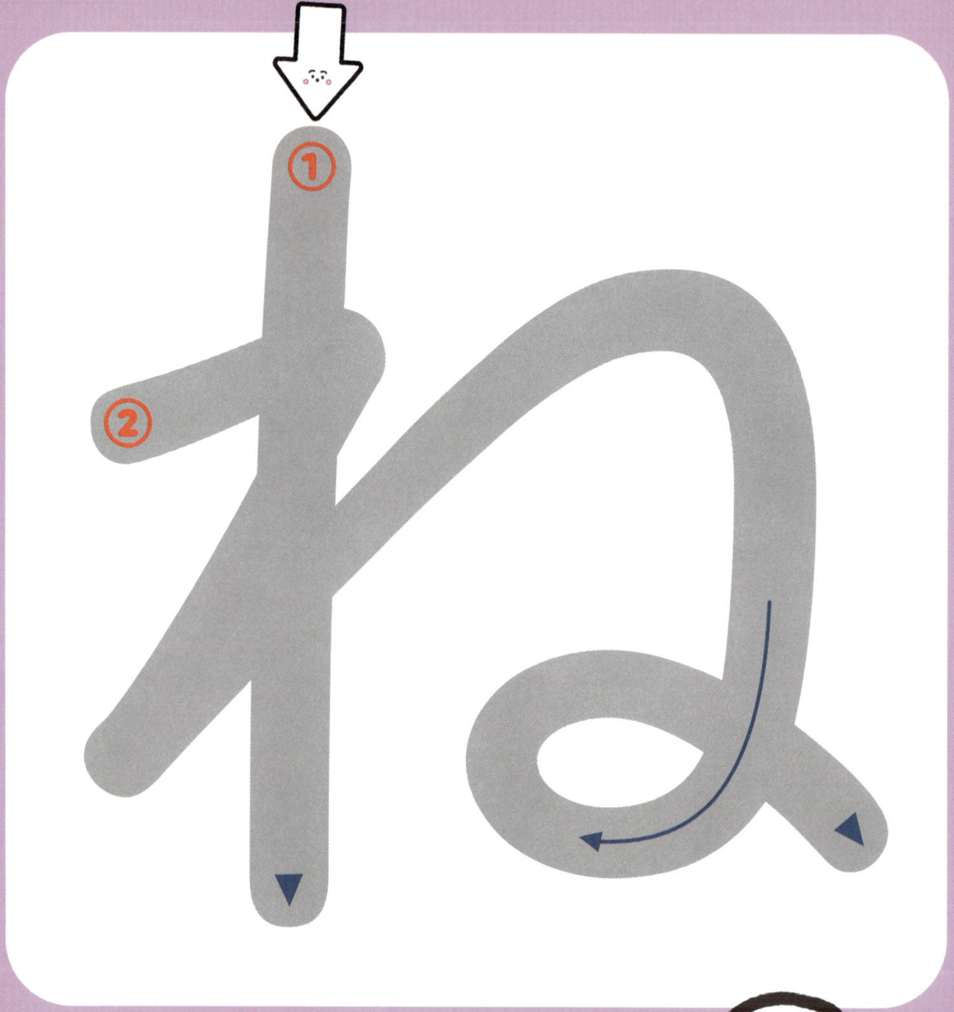

こえに　だして　よもう。

ねこ

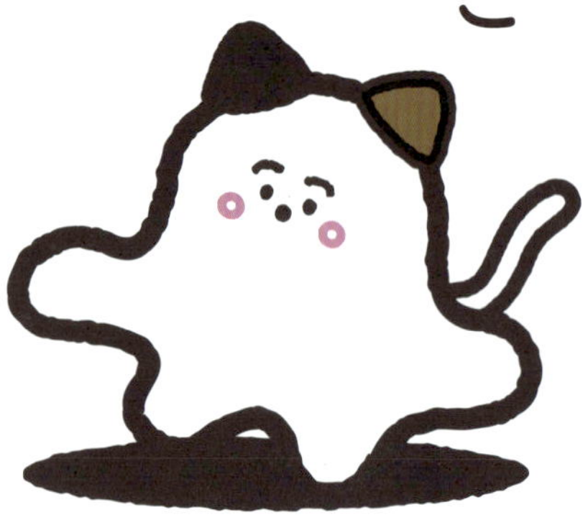

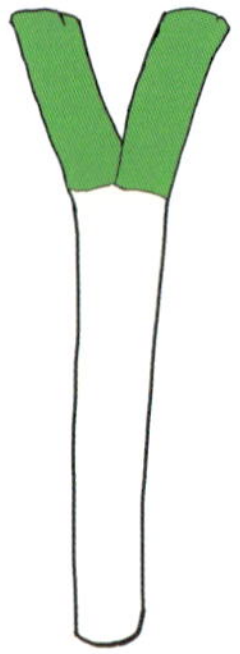

ねぎ

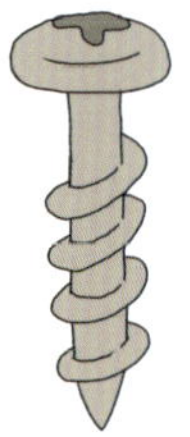

ねじ

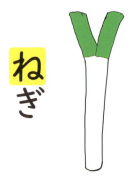

「の」の おべんきょう

シールを はってね

ゆびで なぞって みよう。

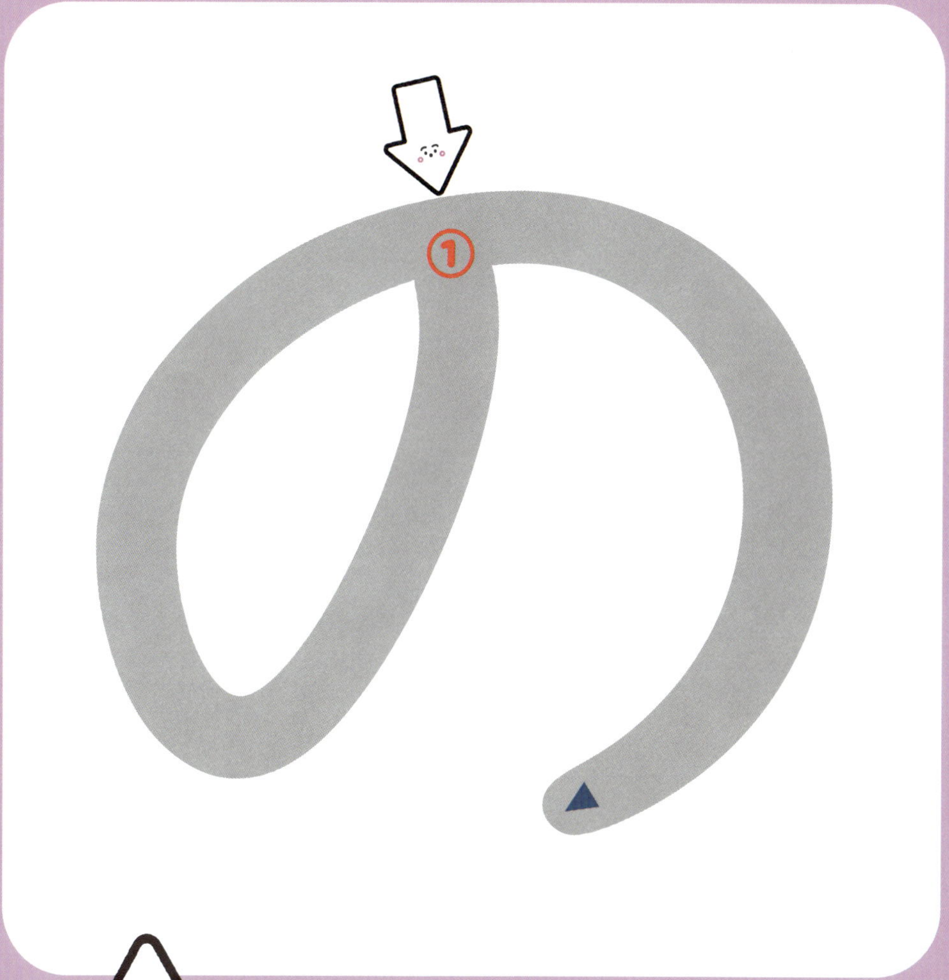

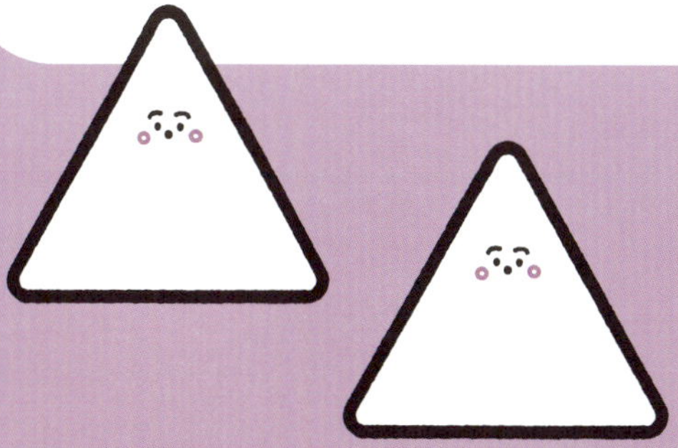

こえに だして よもう。

のりまき

のーと

のこぎり

「な」～「の」の おべんきょう

ことばと　えを　せんで　むすぼう。

の	ね	ぬ	に	な
りまき	ずみ	の	んじん	す

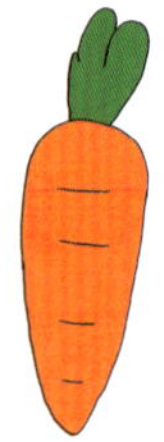

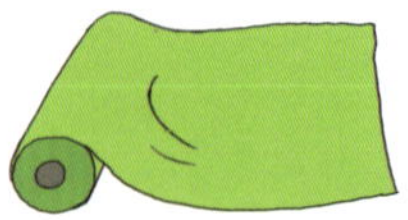

シールを はってね

こたえ （絵は右から）ぬの　ねずみ　にんじん　なす　のりまき

「は」の おべんきょう

シールを はってね

ゆびで　なぞって　みよう。

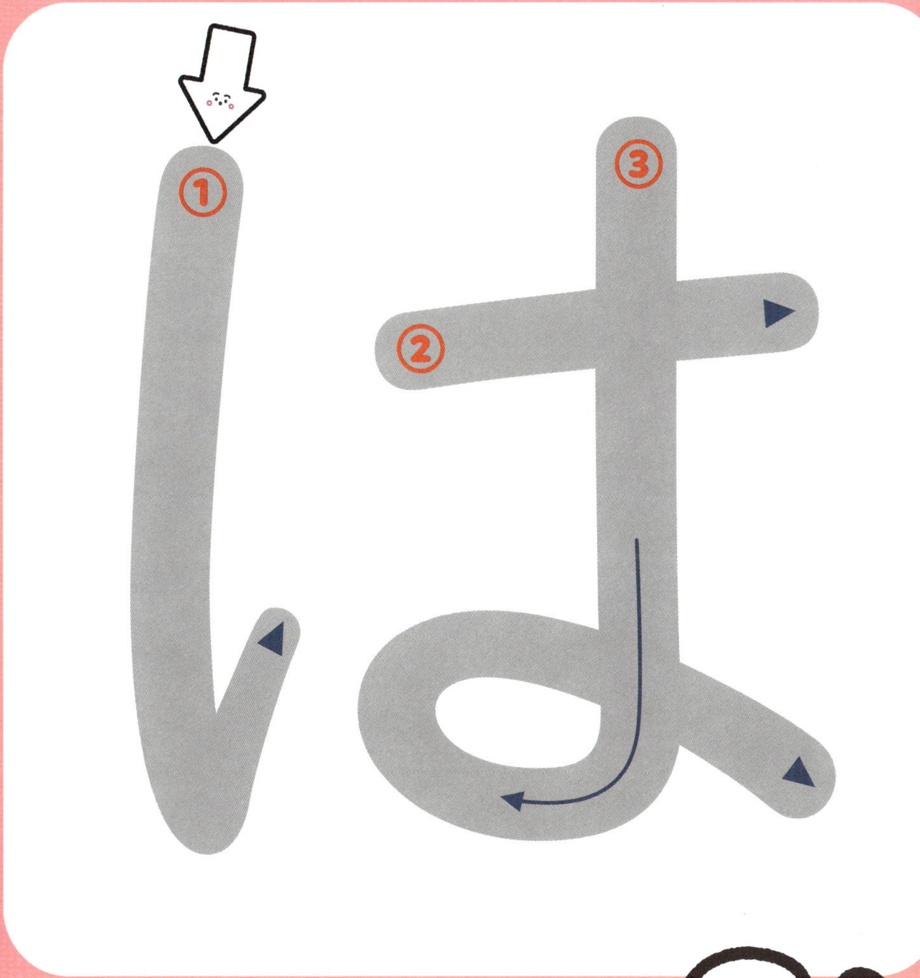

こえに　だして　よもう。

はち

はさみ

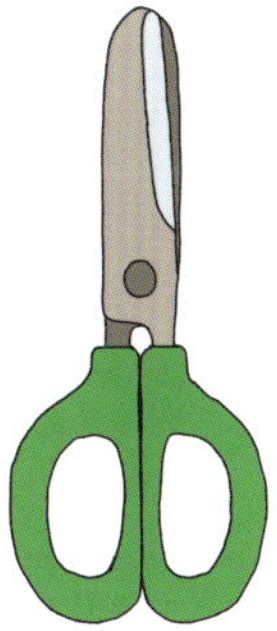

はと

「ひ」の おべんきょう

ゆびで なぞって みよう。

シールを はってね

こえに だして よもう。

ひこうき

ひ

ひつじ

「ふ」の おべんきょう

ゆびで なぞって みよう。

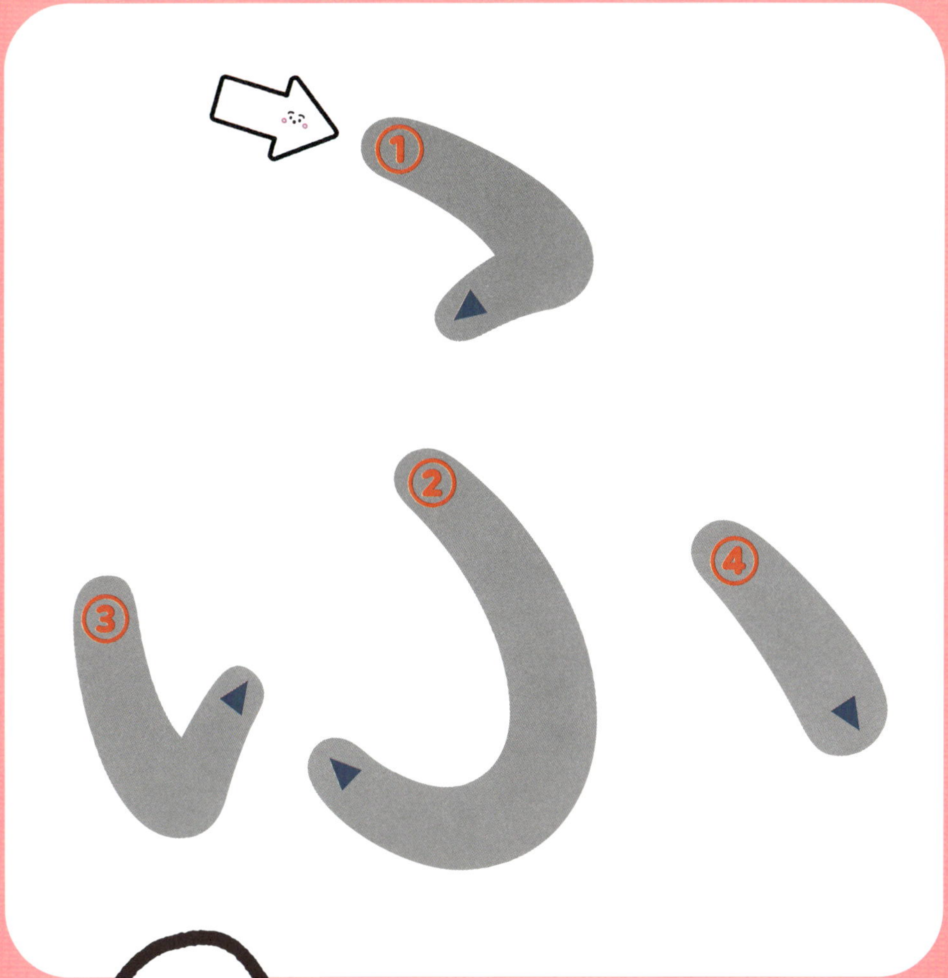

シールを
はってね

こえに だして よもう。

ふうせん

ふくろう

ふね

「へ」の おべんきょう

ゆびで なぞって みよう。

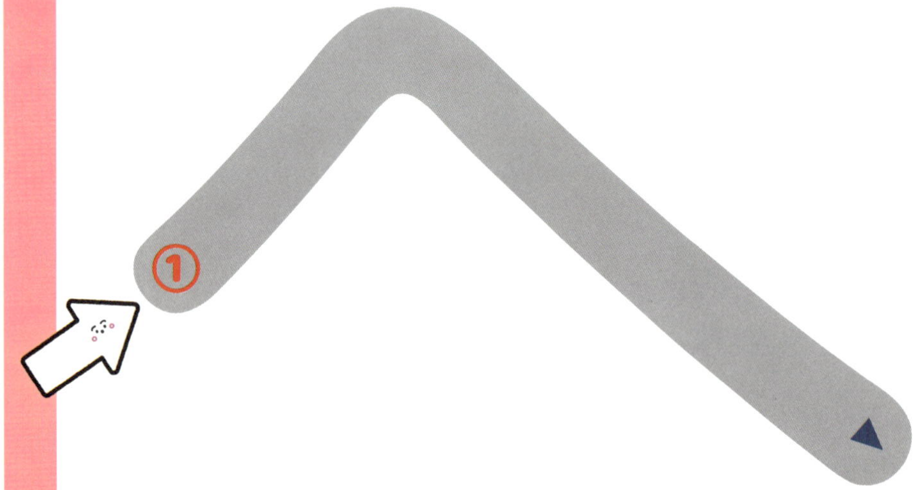

シールを はってね

こえに だして よもう。

へび

へそ

へちま

「ほ」の おべんきょう

シールを はってね

ゆびで なぞって みよう。

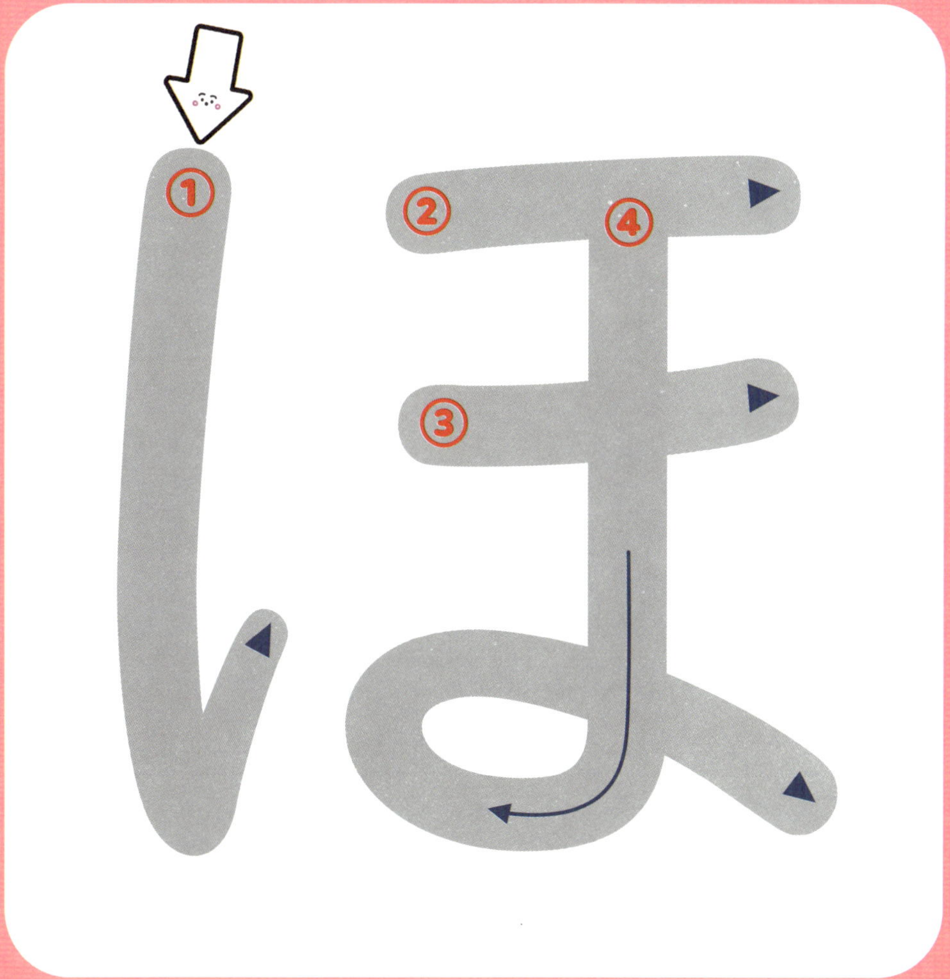

こえに だして よもう。

ほし

ほうき

ほね

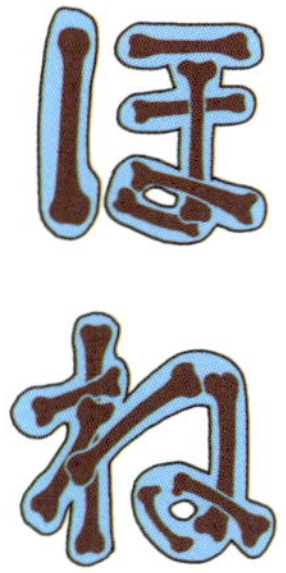

「は」〜「ほ」の おべんきょう

えに　あう　ことばに　○を　つけよう。

やね

ふね

ほにゅうびん

はにゅうびん

ひこうき

ひこうさ

シールを はってね

こたえ （絵は右から）ふね　ほにゅうびん　ひこうき

「ま」の おべんきょう

ゆびで なぞって みよう。

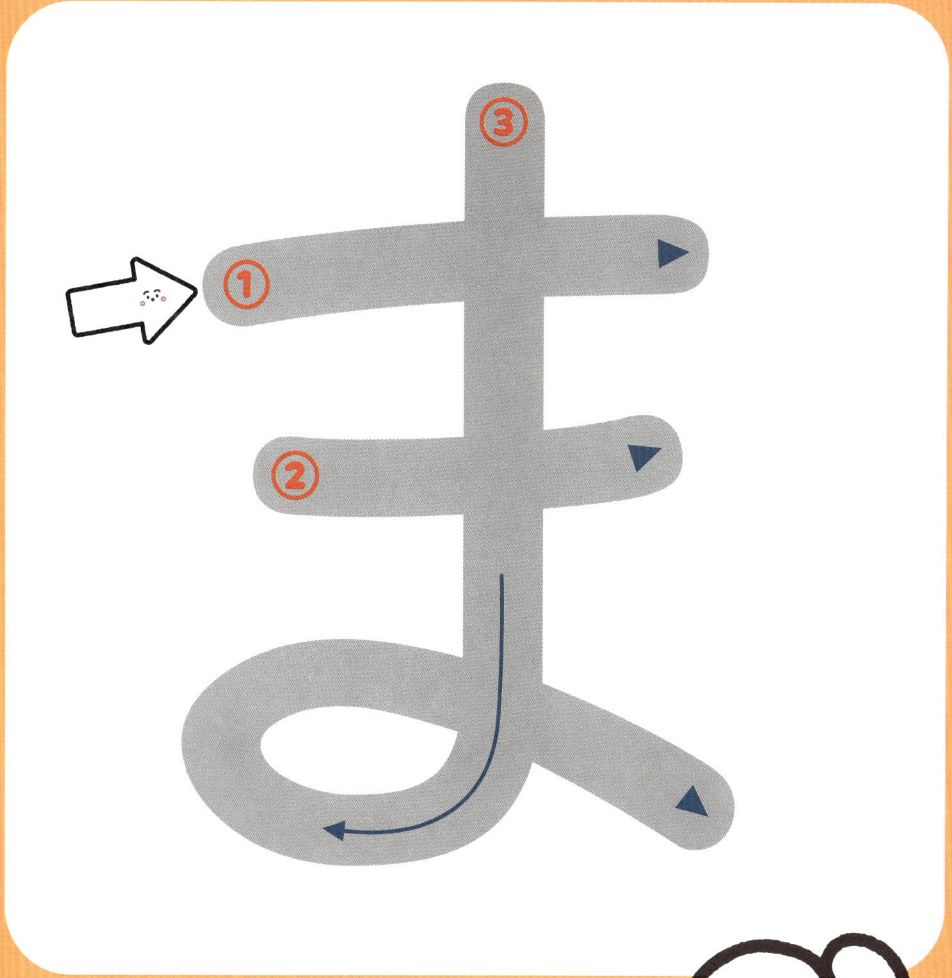

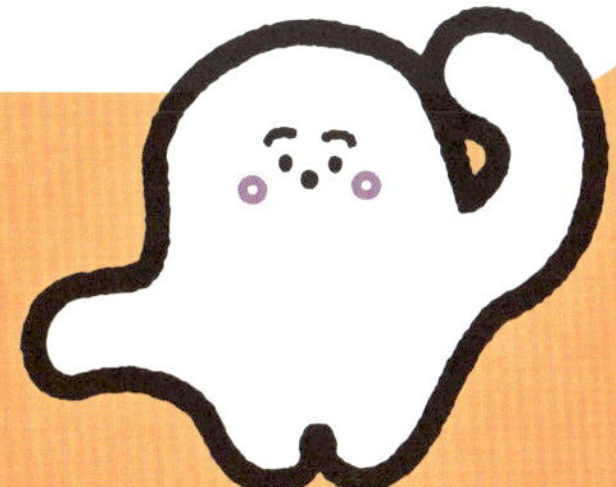

シールを はってね

こえに だして よもう。

ますく

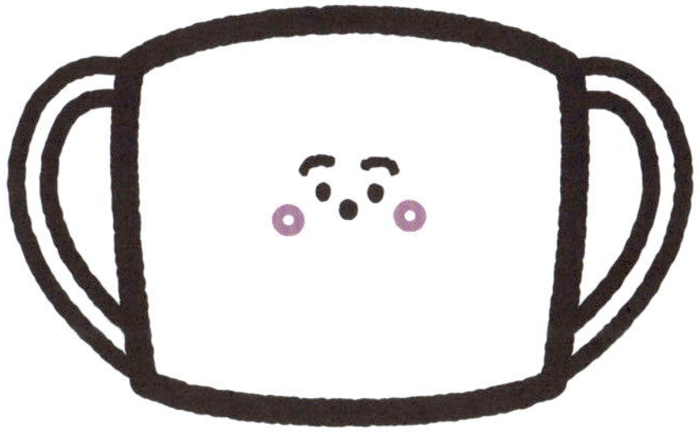

まど

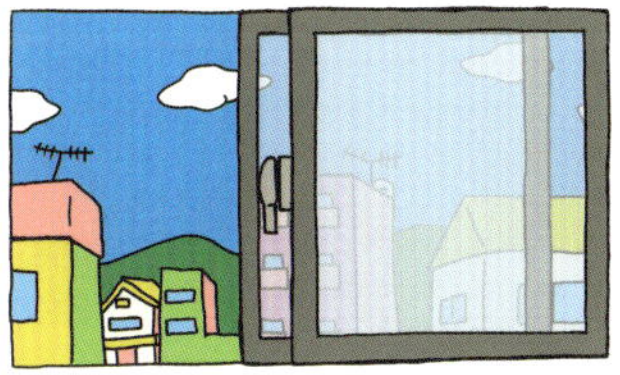

まいく

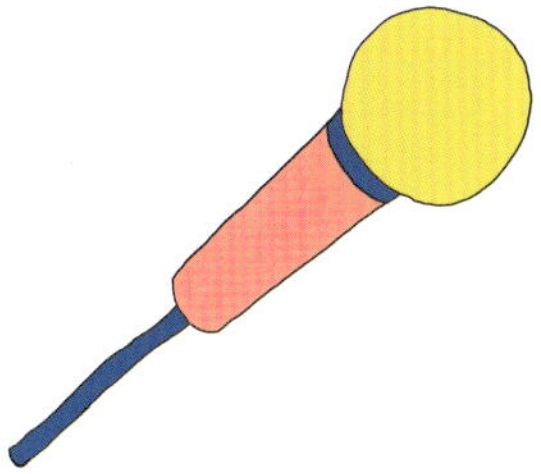

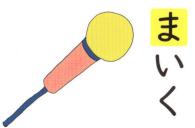

「み」の おべんきょう

ゆびで なぞって みよう。

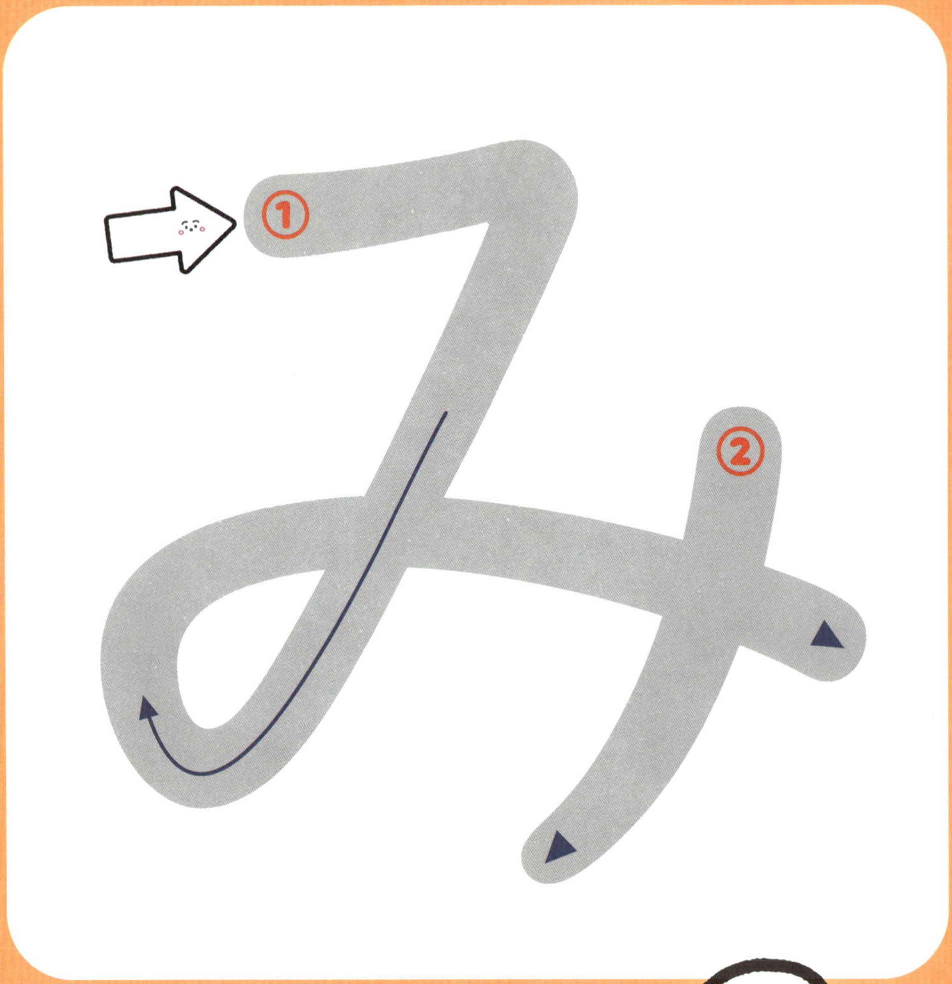

シールを はってね

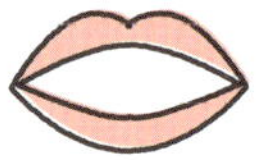

こえに だして よもう。

みかん

みみず

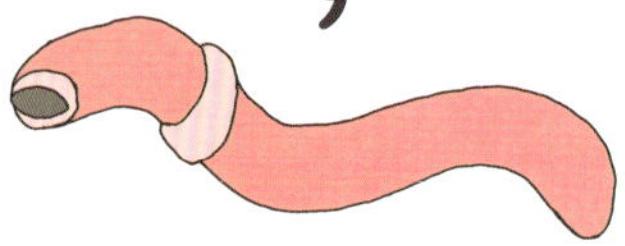

みみ

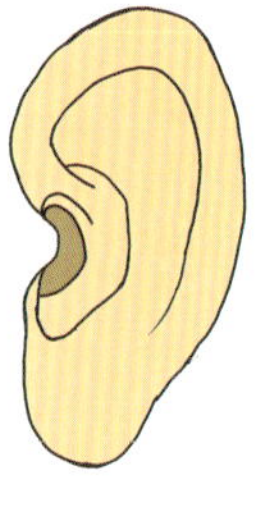

「む」の おべんきょう

シールを はってね

ゆびで なぞって みよう。

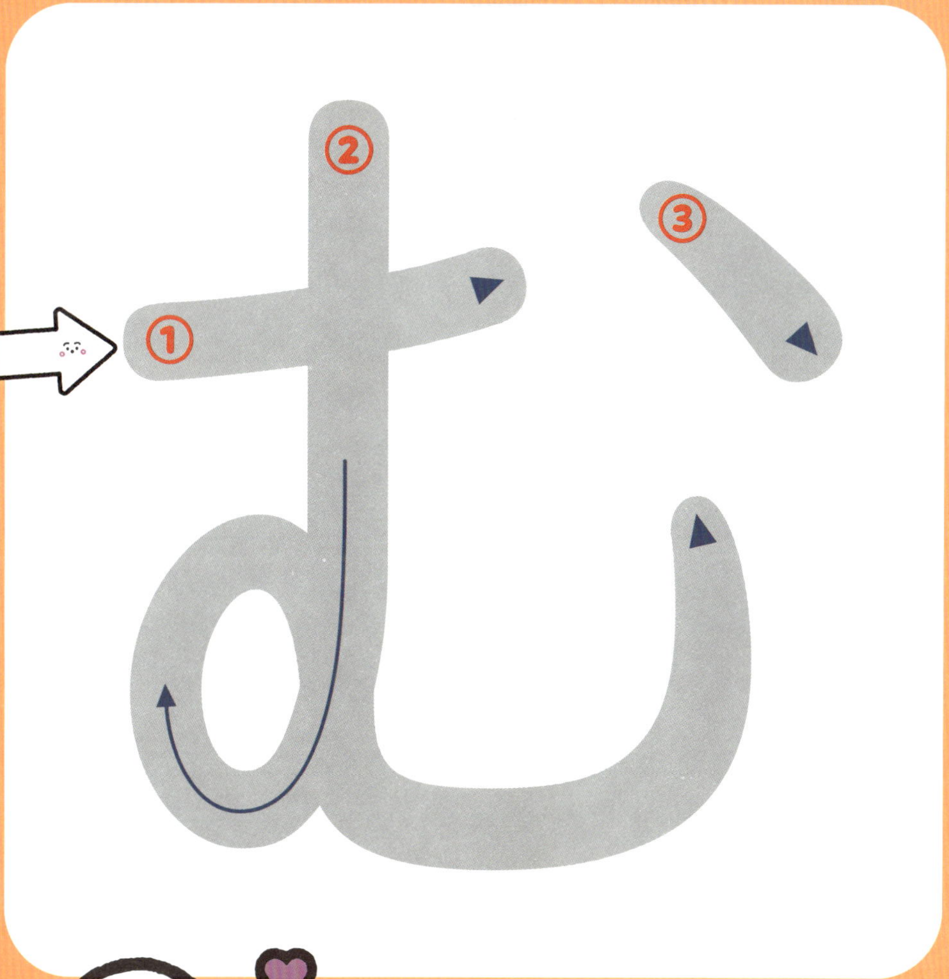

こえに だして よもう。

むし

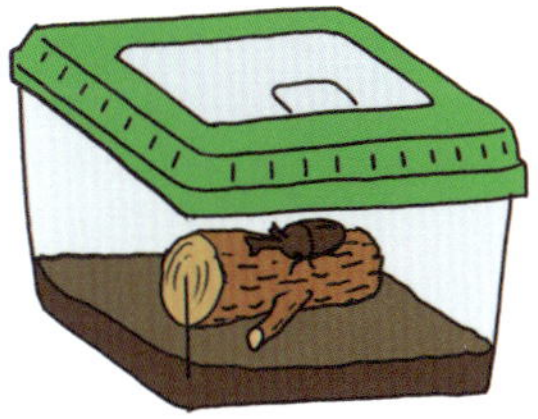

むしかご

むしめがね

「め」の おべんきょう

シールを はってね

ゆびで なぞって みよう。

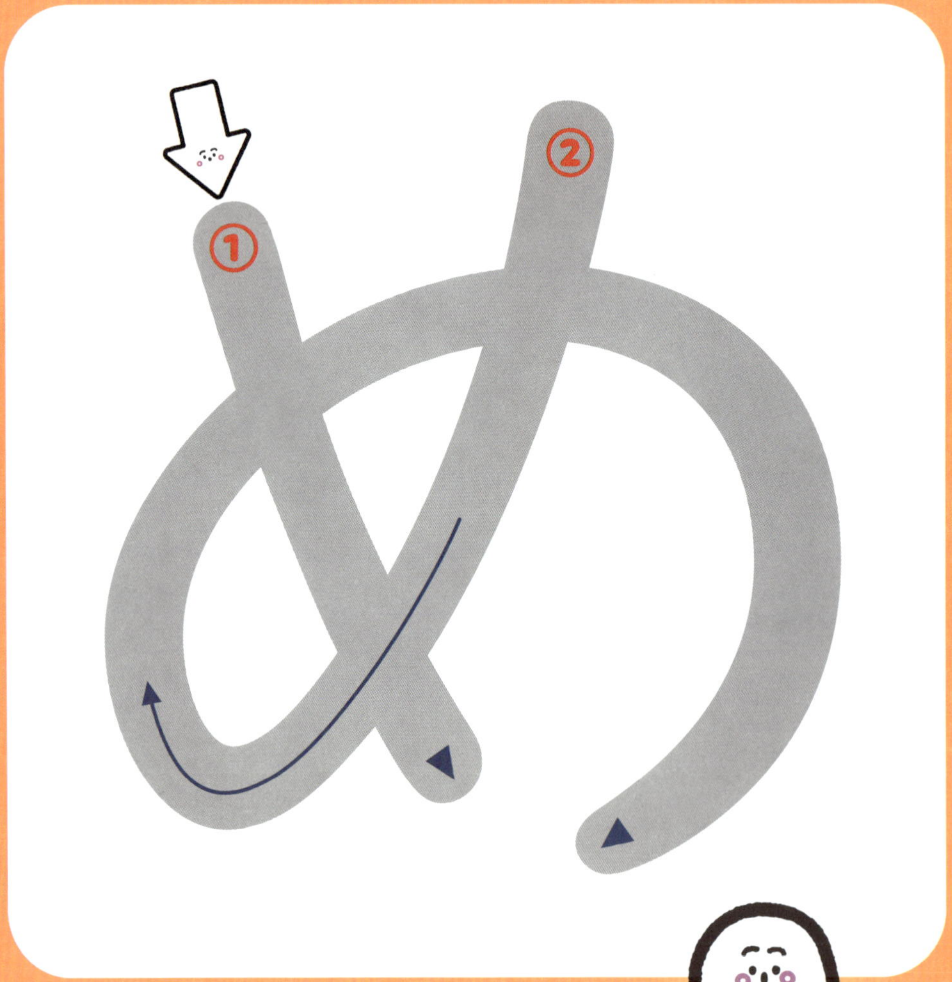

こえに だして よもう。

めがね

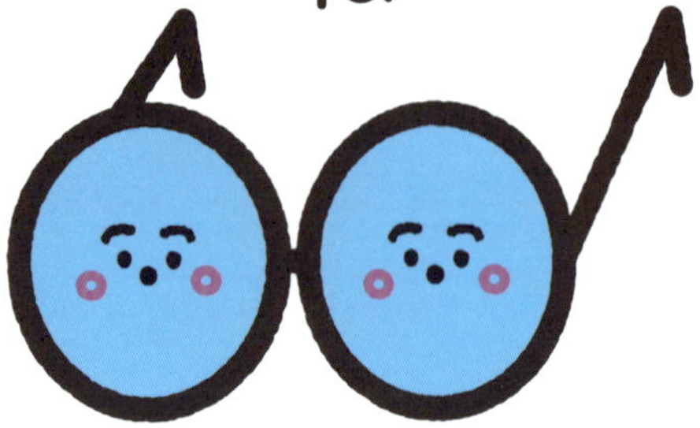

めろん

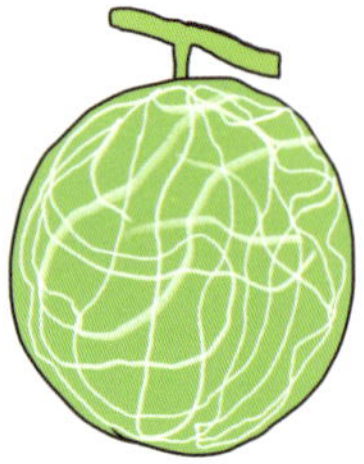

めいろ

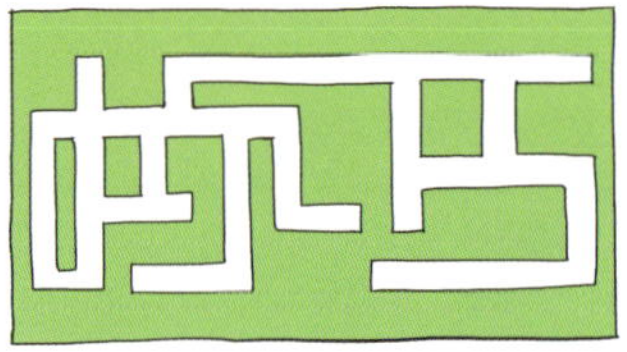

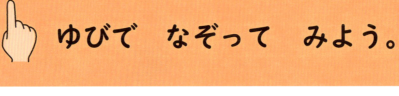

「も」の おべんきょう

ゆびで なぞって みよう。

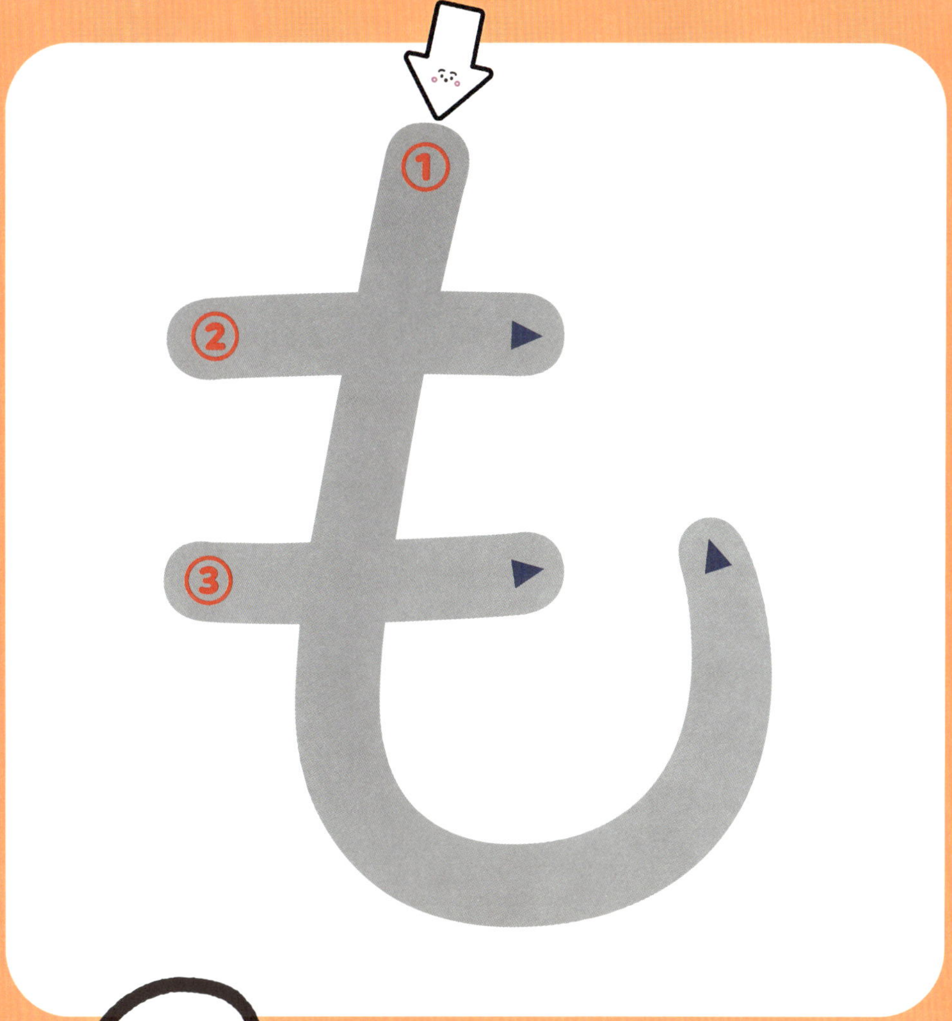

シールを はってね

こえに だして よもう。

もも

もも

もぐら

もぐら

もも

ももんが

「ま」～「も」の おべんきょう

えに　あう　シールを　はろう。

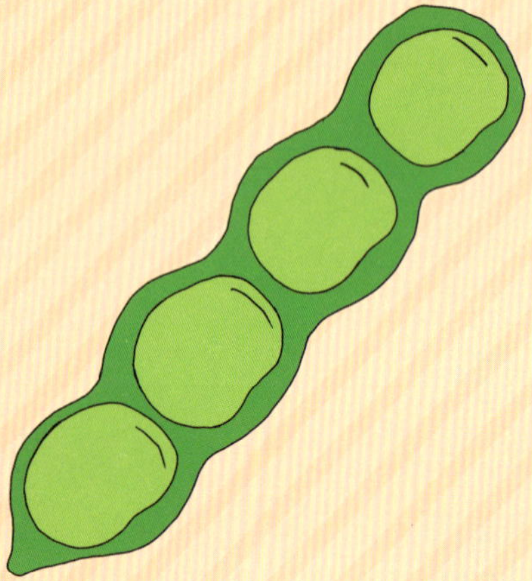

シールを
はってね

め

シールを
はってね

かん

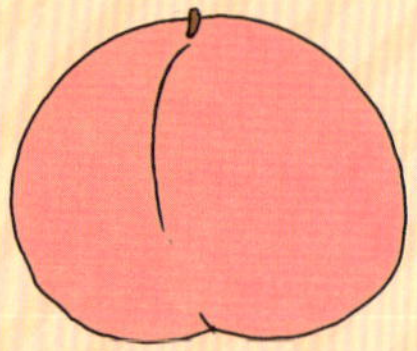

シールを
はってね

も

む

ぎ

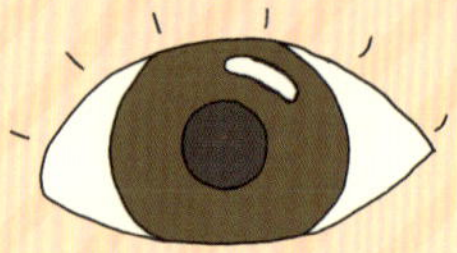

シールを
はってね

シールを
はってね

こたえ （絵は右上から）みかん　まめ　め　もも

「や」の おべんきょう

シールを
はってね

ゆびで　なぞって　みよう。

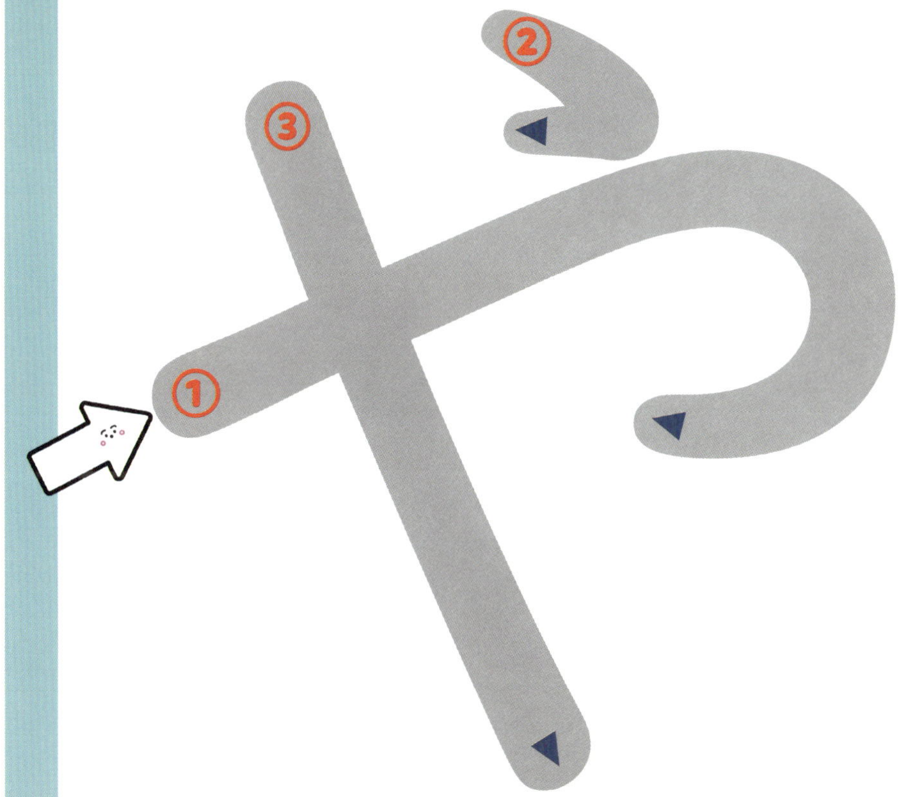

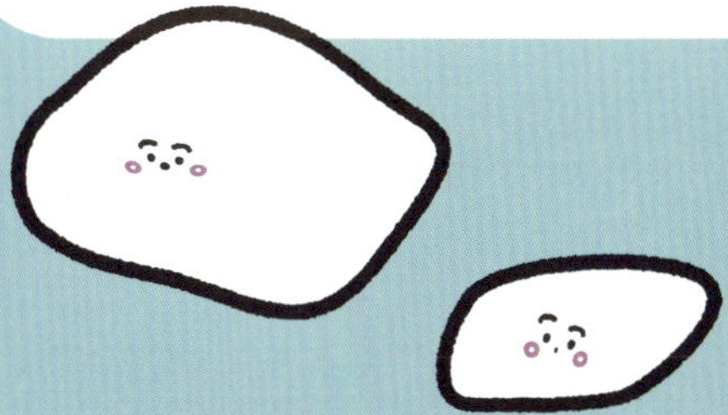

こえに　だして　よもう。

やま

やきいも

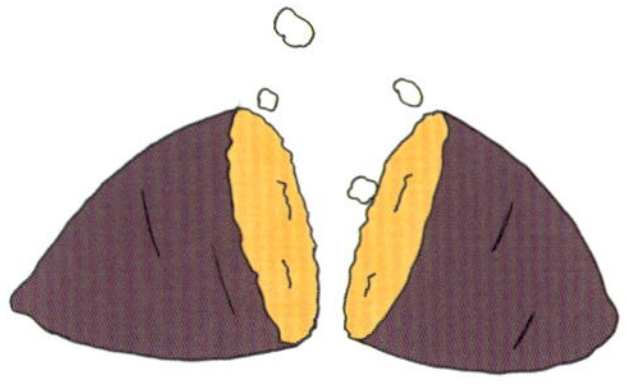

やぎ

「ゆ」の おべんきょう

シールを
はってね

ゆびで なぞって みよう。

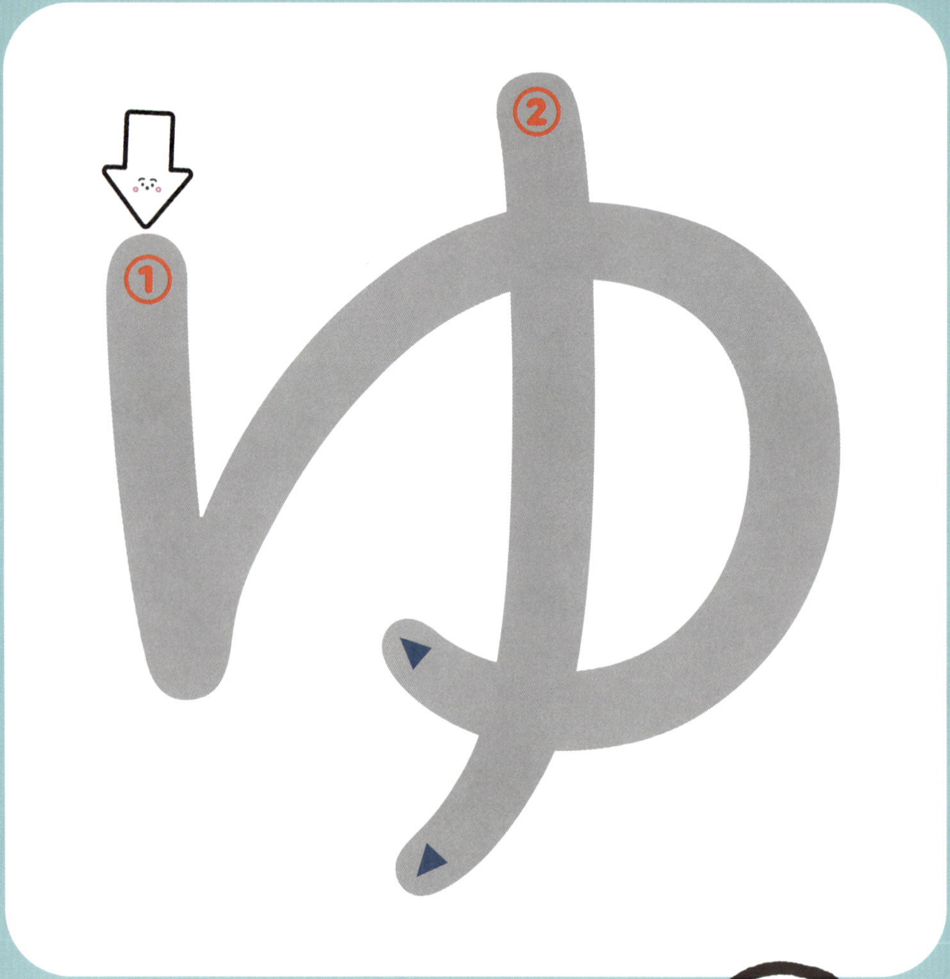

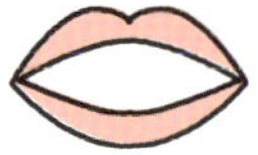

こえに だして よもう。

ゆきだるま

ゆびわ

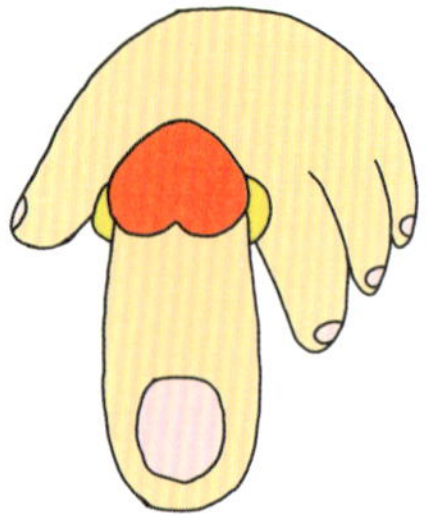

ゆず

「よ」の おべんきょう

シールを
はってね

ゆびで なぞって みよう。

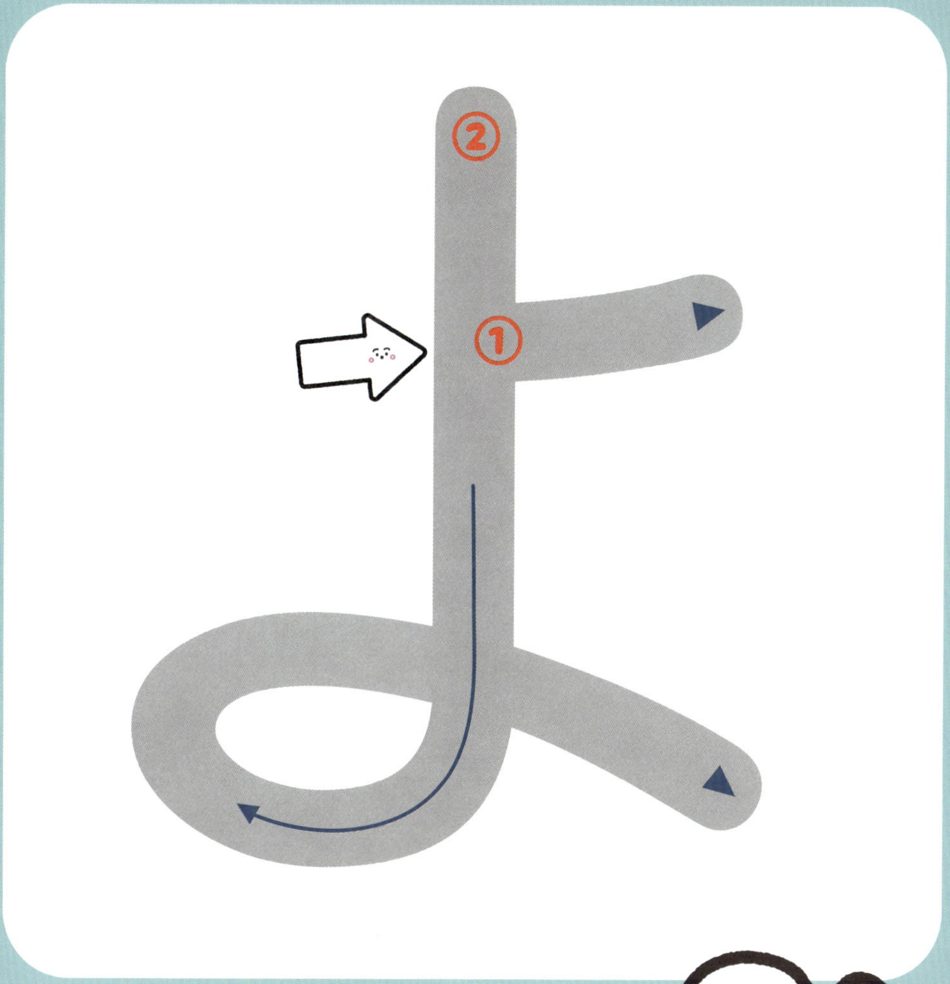

こえに だして よもう。

よる

よこづな

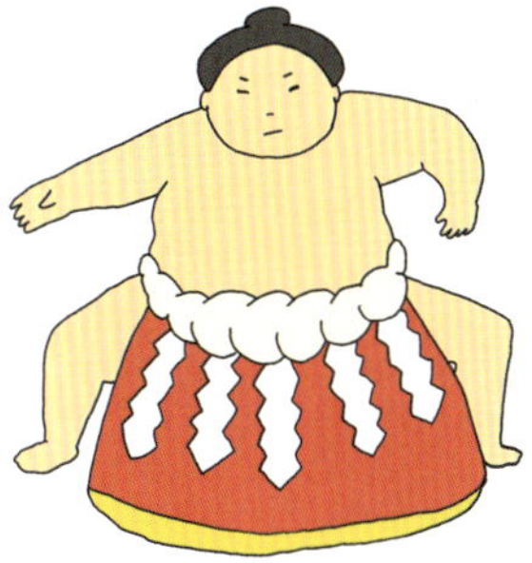

よっと

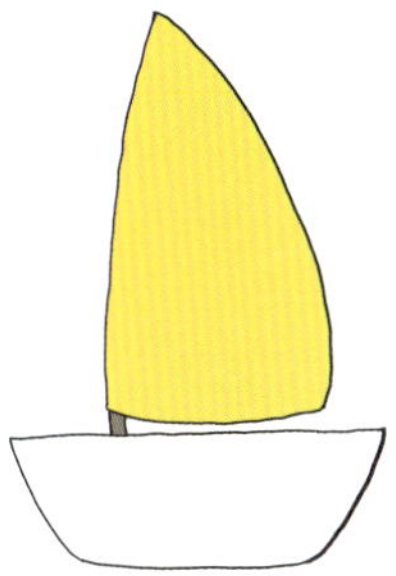

「や」〜「よ」の おべんきょう

ことばと　えを　せんで　むすぼう。

よ
る

ゆ
き

や
かん

シールを
はってね

こたえ　（絵は右から）ゆき　よる　やかん

「ら」の おべんきょう

シールを はってね

ゆびで なぞって みよう。

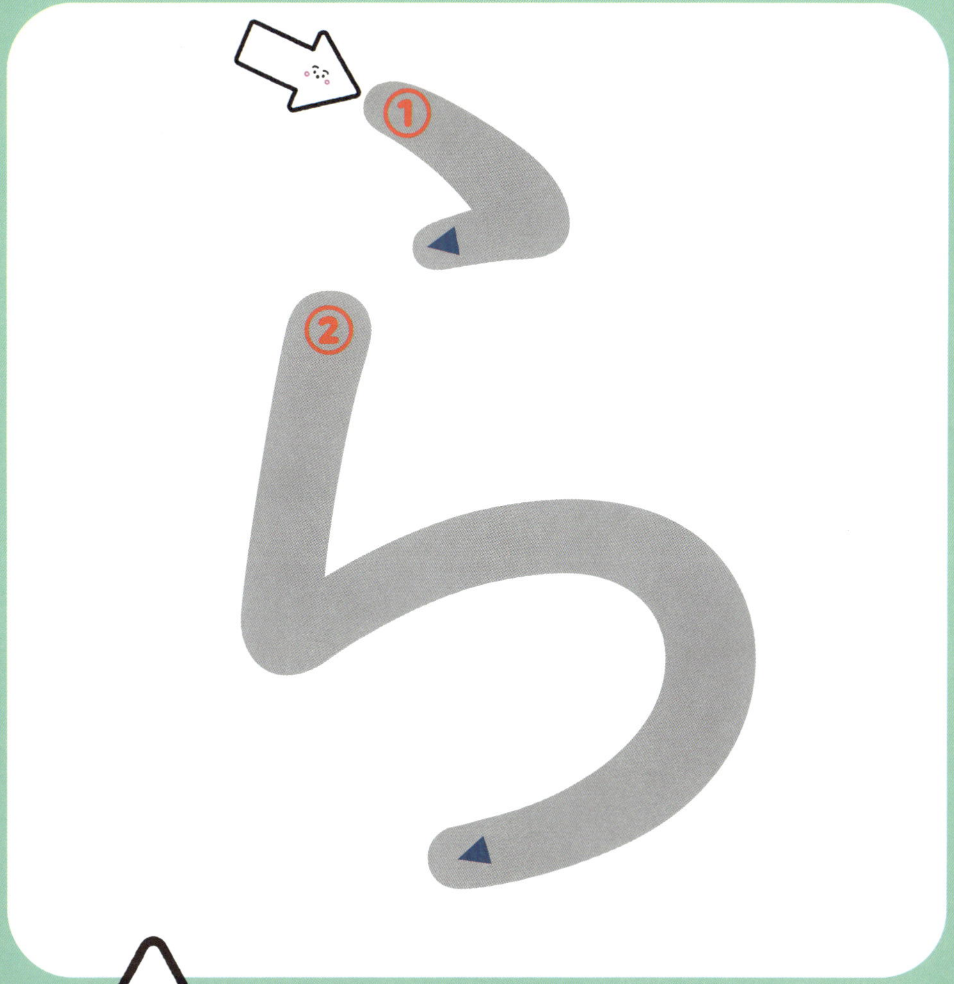

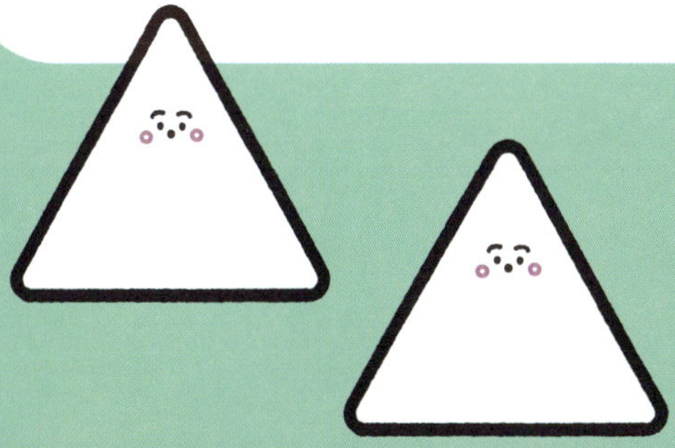

こえに だして よもう。

らいおん

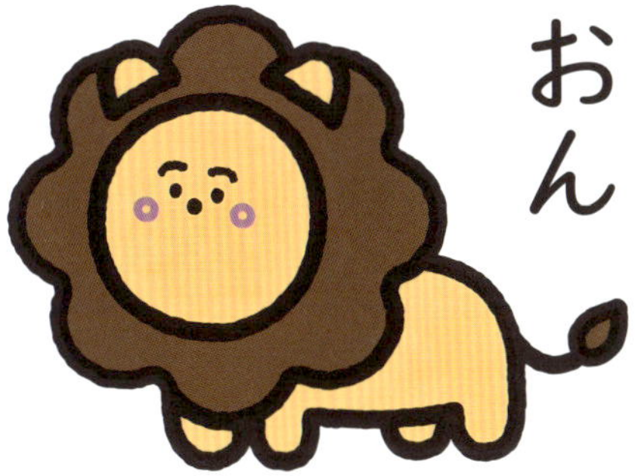

らっこ

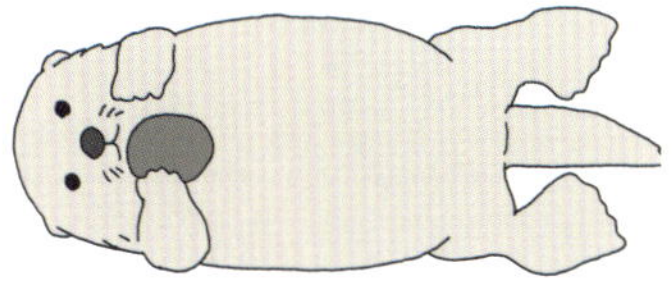

らくだ

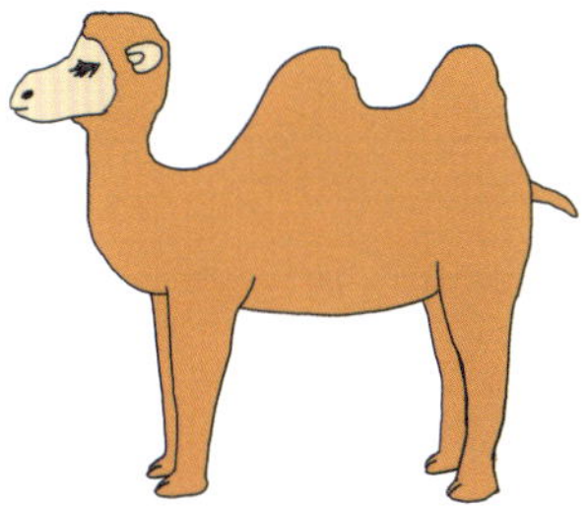

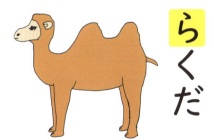

「り」の おべんきょう

ゆびで なぞって みよう。

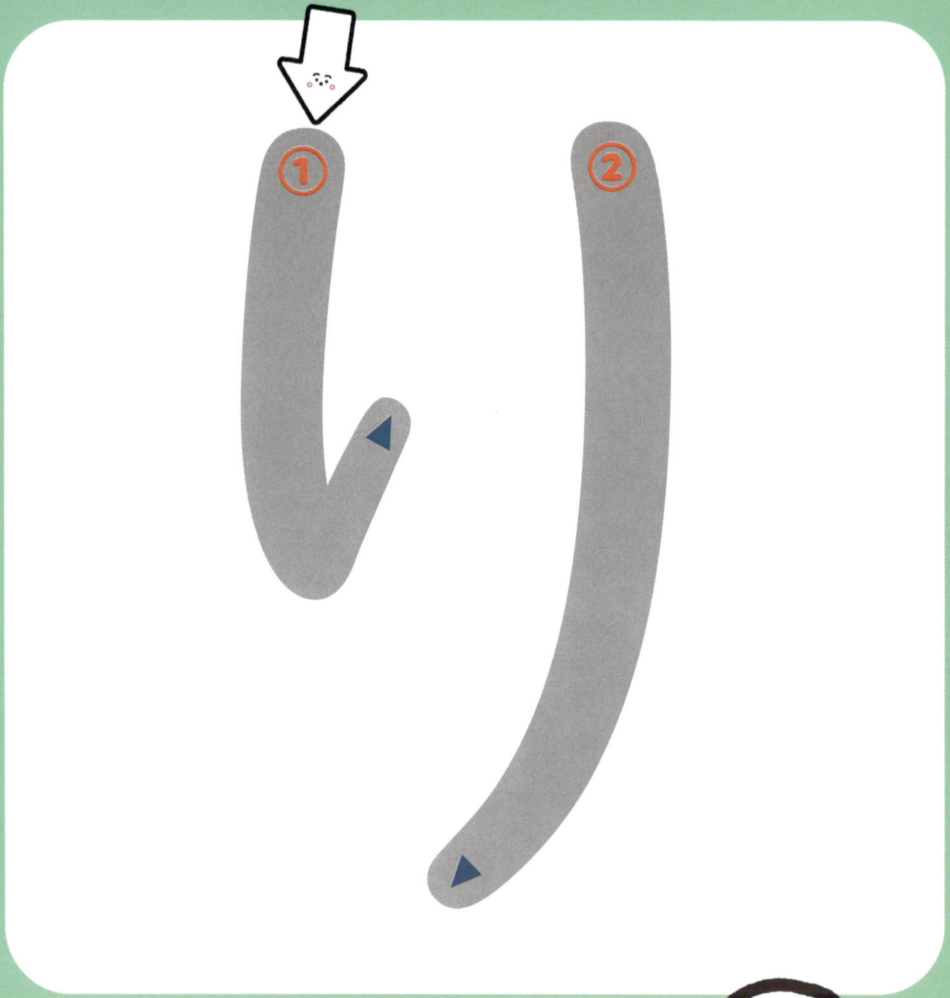

シールを はってね

こえに だして よもう。

りんご

りぼん

りす

「る」の おべんきょう

シールを はってね

ゆびで なぞって みよう。

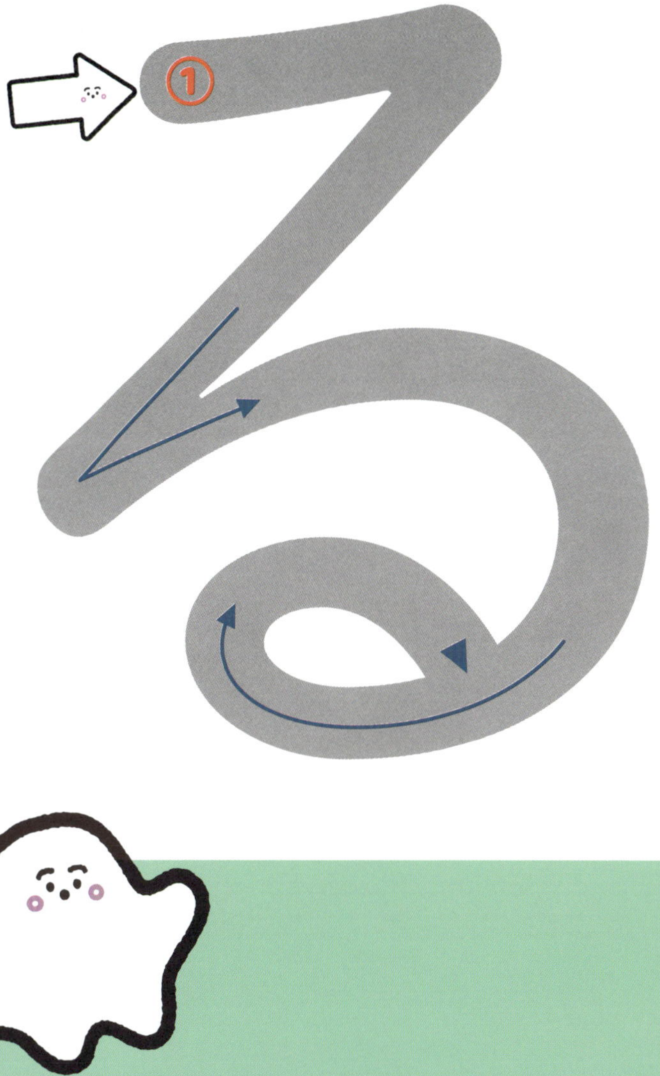

こえに だして よもう。

かえる

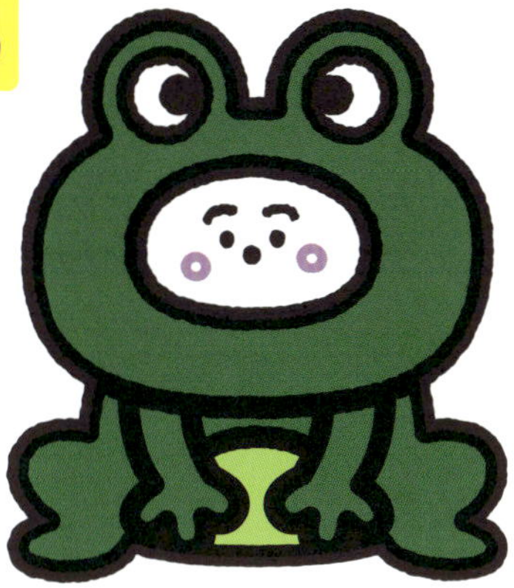

るす

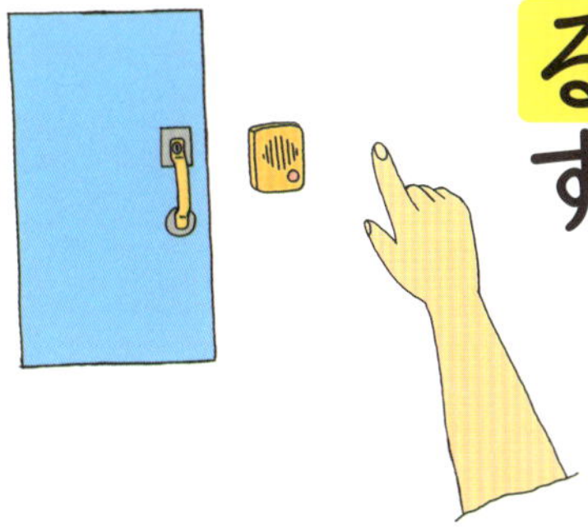

るり

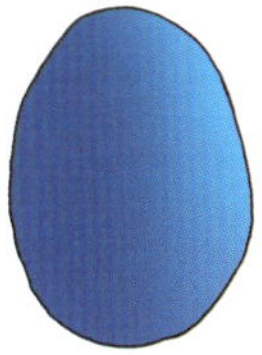

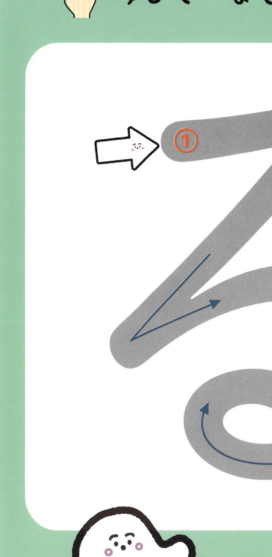

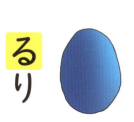

「れ」の おべんきょう

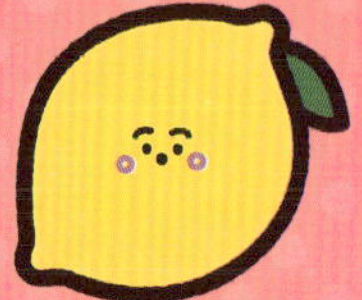

シールを はってね

ゆびで なぞって みよう。

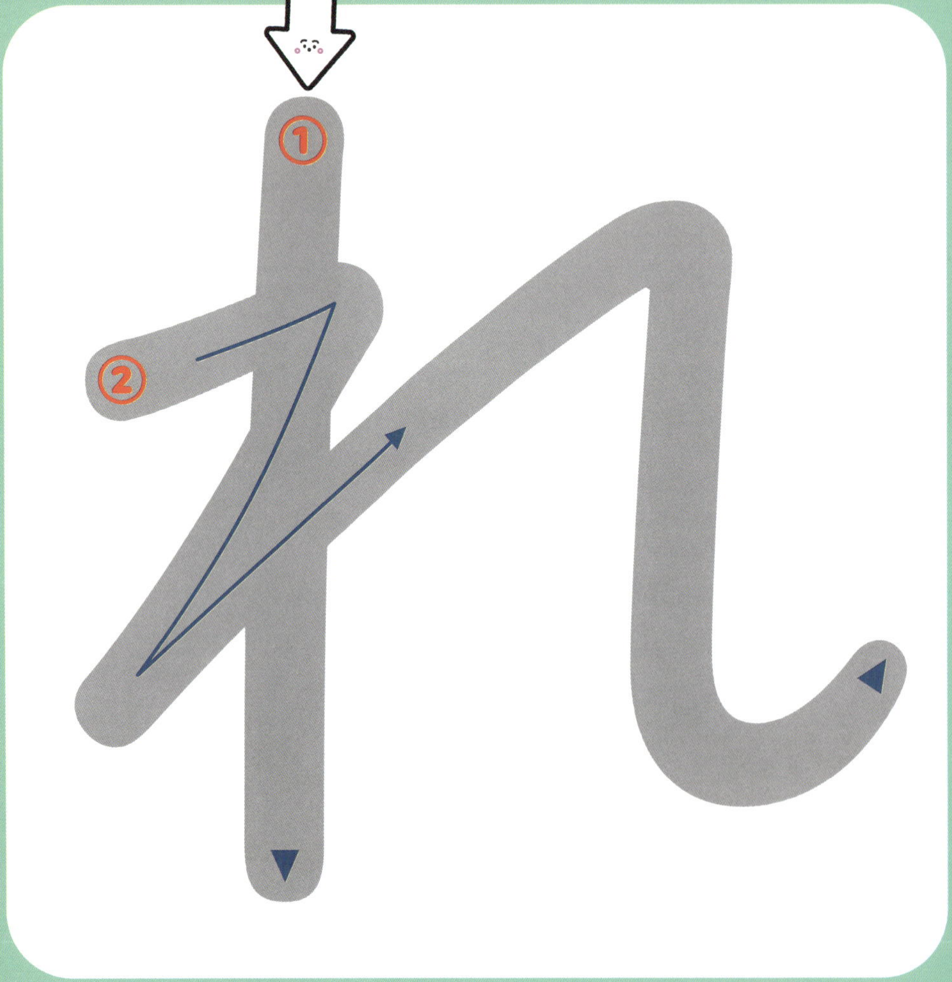

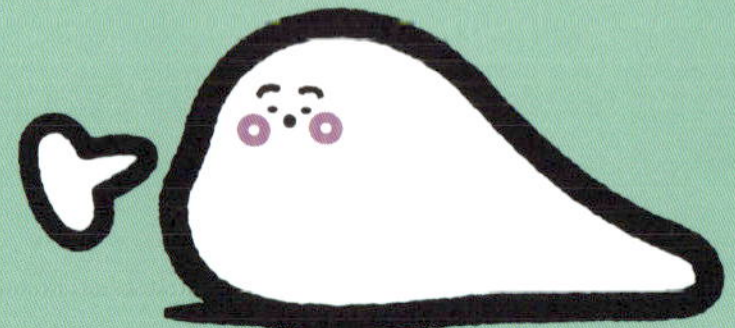

こえに だして よもう。

れもん

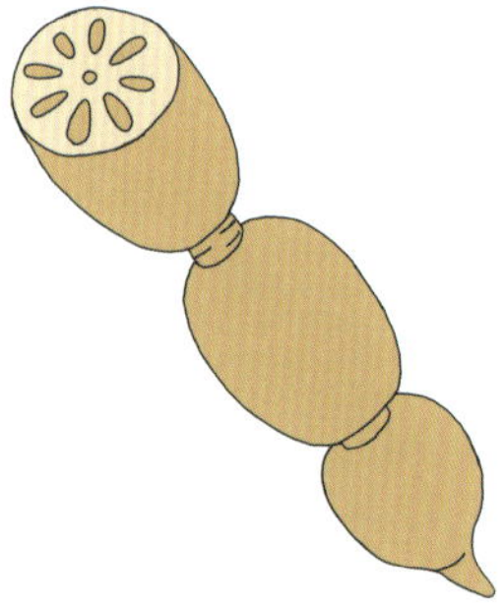

れんこん

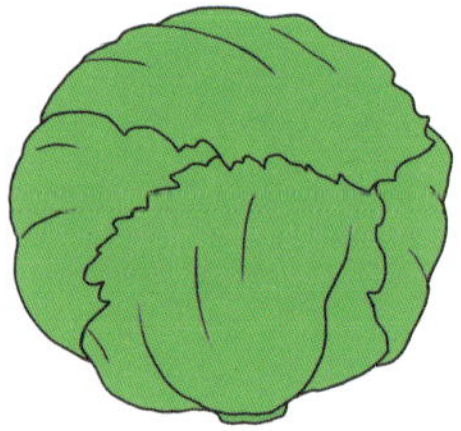

れたす

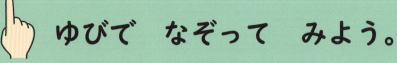

「ろ」の おべんきょう

シールを はってね

ゆびで なぞって みよう。

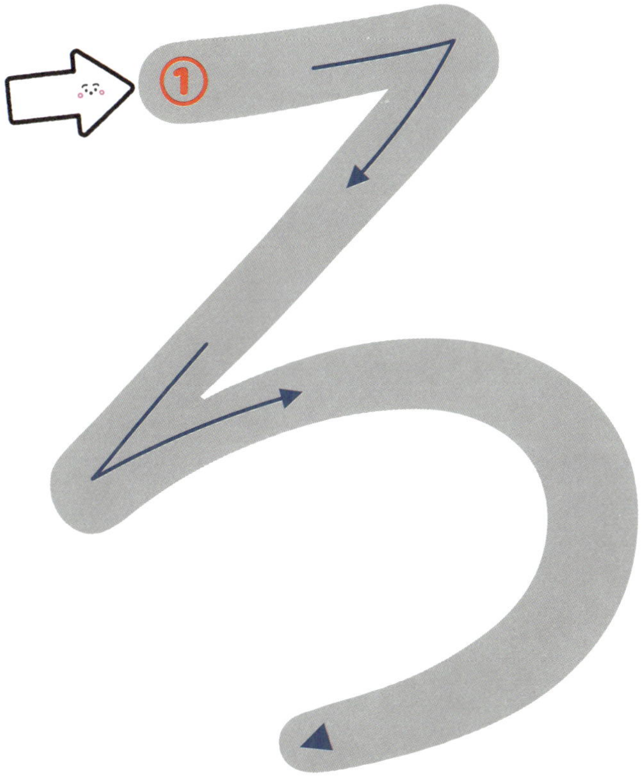

こえに だして よもう。

ろうそく

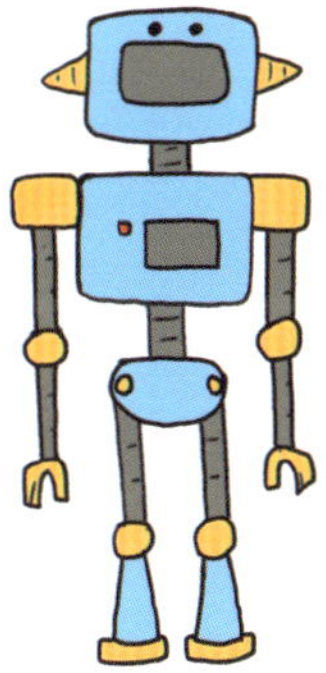

ろぼっと

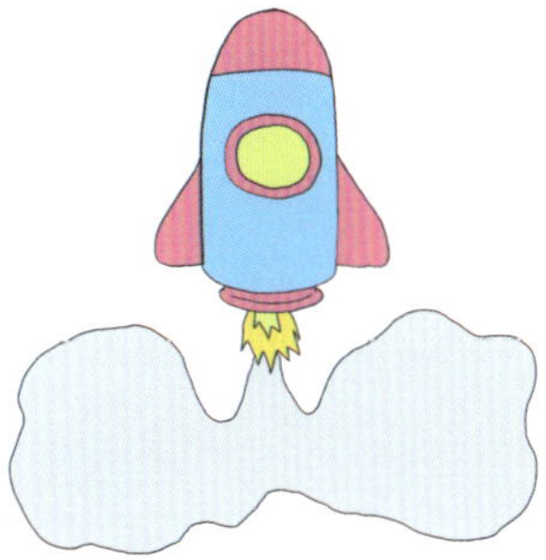

ろけっと

「ら」〜「ろ」の おべんきょう

えに　あう　ことばに　○を　つけよう。

いす

りす

ろぼっと

るぼっと

らっぱ

はっぱ

シールを
はってね

こたえ　（絵は右から）りす　ろぼっと　らっぱ

「わ」の おべんきょう

ゆびで なぞって みよう。

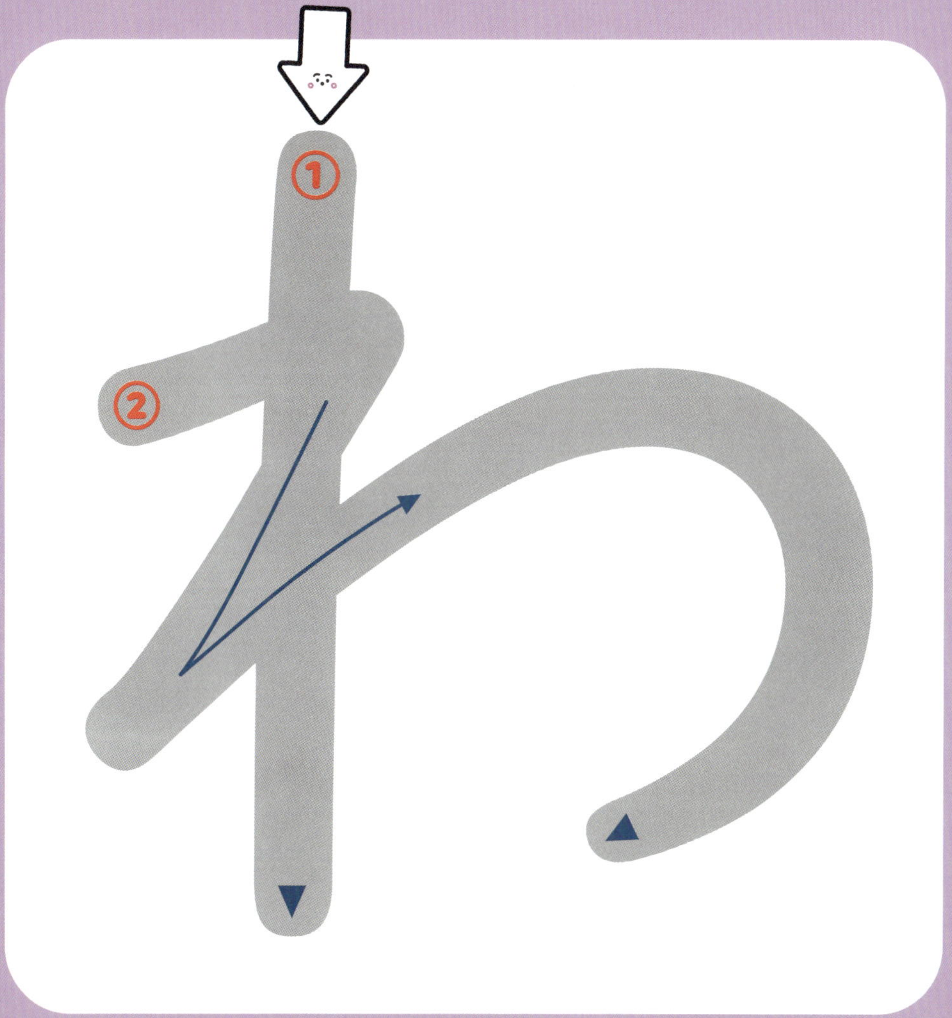

シールを はってね

こえに だして よもう。

わに

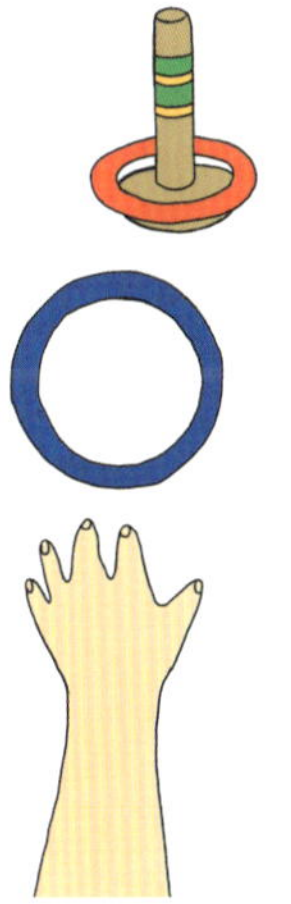

わなげ

わし

「を」の おべんきょう

ゆびで なぞって みよう。

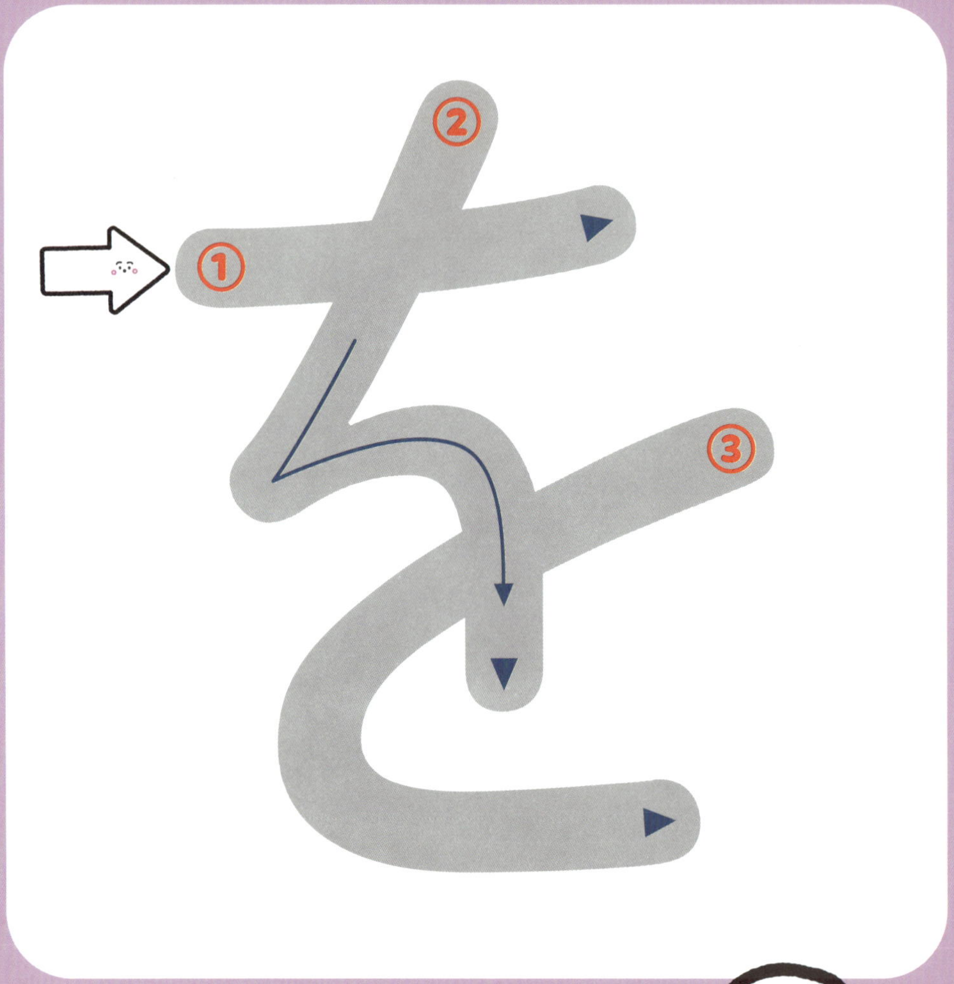

シールを はってね

こえに だして よもう。

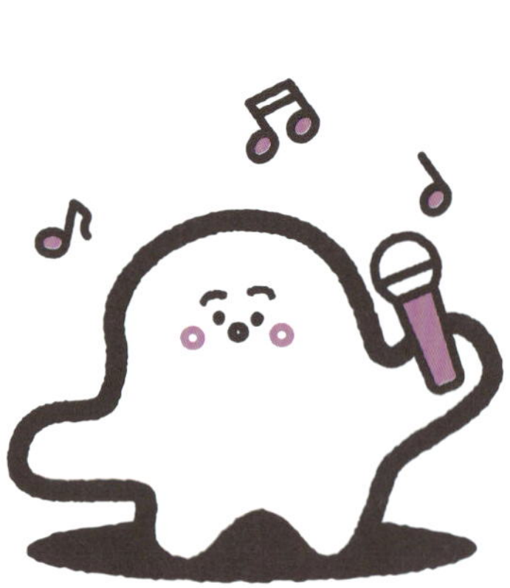

うたを うたう

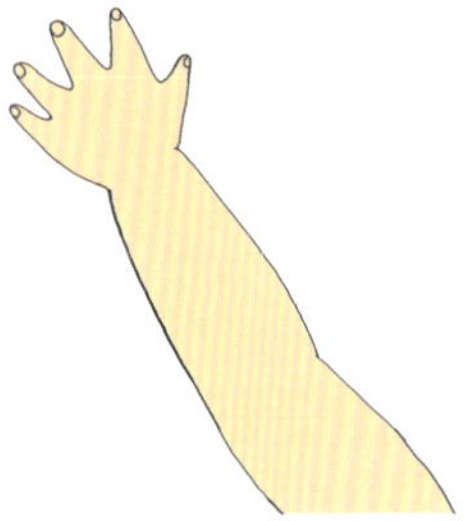

てを ふる

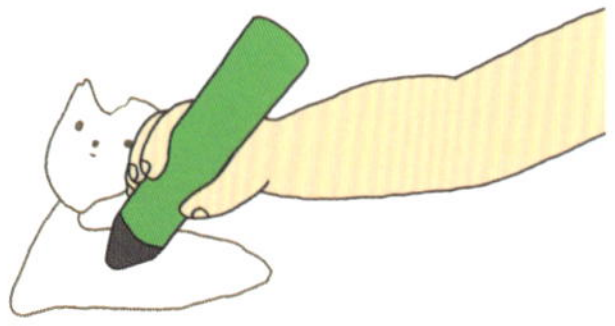

えを かく

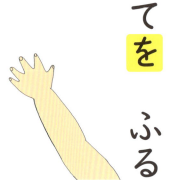

「ん」の おべんきょう

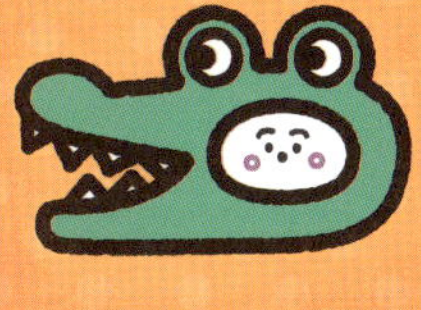

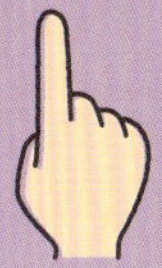

ゆびで　なぞって　みよう。

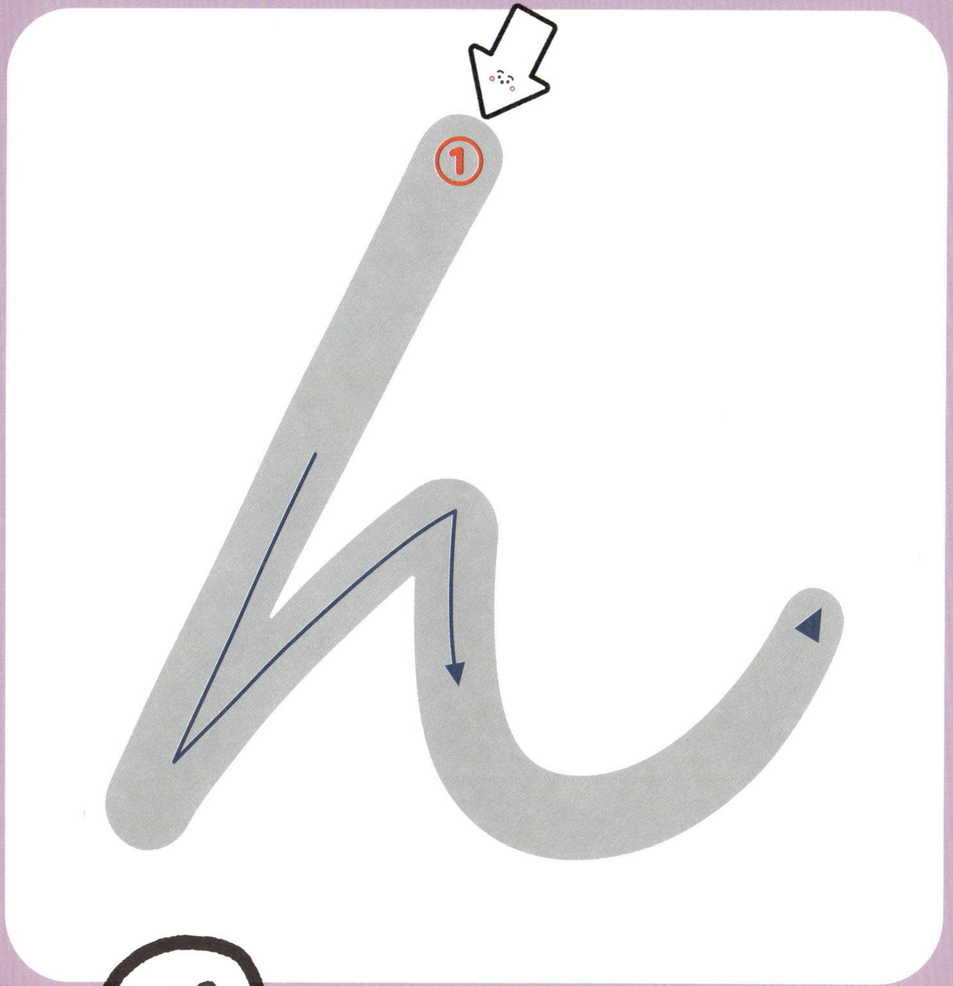

シールを
はってね

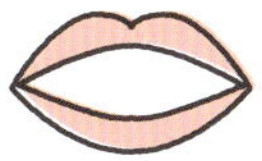

こえに　だして　よもう。

ぱん

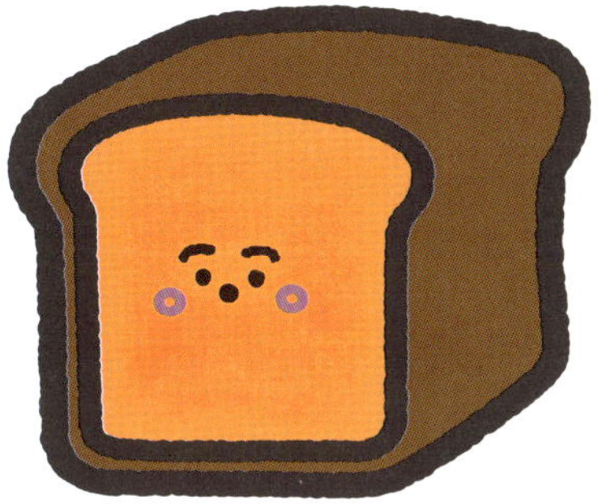

かん

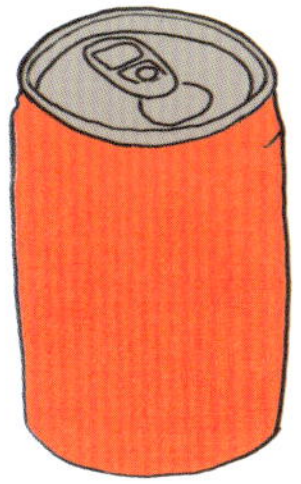

きん

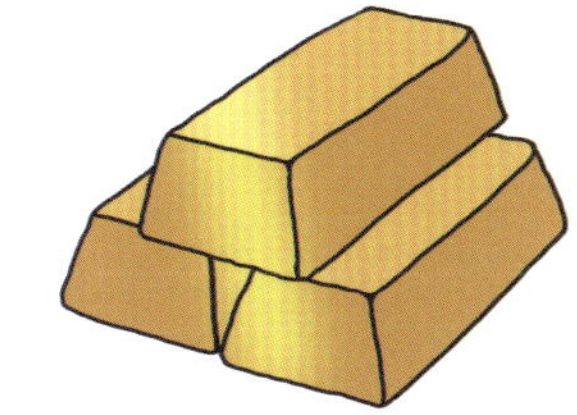

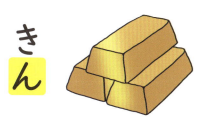

「わ」〜「ん」の　おべんきょう

シールを　はってね

ことばと　えを　せんで　むすぼう。

ごはん

てを　ふる

わに

こたえ　（絵は右から）ごはん　わに　てを ふる

あいうえおシート

わ	ら	や	ま	は	な	た	さ	か	あ
	り		み	ひ	に	ち	し	き	い
を	る	ゆ	む	ふ	ぬ	つ	す	く	う
	れ		め	へ	ね	て	せ	け	え
ん	ろ	よ	も	ほ	の	と	そ	こ	お

おうちの方へ シートは切り離して壁に貼るなど自由にご使用ください。

絵を見てひらがなが言えるかな？